尽善尽美　　弗求弗迪

股权之道

设计·激励·治理

黄前松 等著

电子工业出版社
Publishing House of Electronics Industry
北京·BEIJING

未经许可，不得以任何方式复制或抄袭本书之部分或全部内容。
版权所有，侵权必究。

图书在版编目（CIP）数据

股权之道：设计·激励·治理 / 黄前松等著. —北京：电子工业出版社，2022.7
ISBN 978-7-121-43370-2

Ⅰ. ①股… Ⅱ. ①黄… Ⅲ. ①股权管理－研究 Ⅳ. ①F271.2

中国版本图书馆CIP数据核字（2022）第073648号

责任编辑：王陶然
印　　刷：三河市鑫金马印装有限公司
装　　订：三河市鑫金马印装有限公司
出版发行：电子工业出版社
　　　　　北京市海淀区万寿路173信箱　　邮编：100036
开　　本：720×1000　1/16　印张：17.25　字数：199千字
版　　次：2022年7月第1版
印　　次：2022年7月第1次印刷
定　　价：79.00元

凡所购买电子工业出版社图书有缺损问题，请向购买书店调换。若书店售缺，请与本社发行部联系，联系及邮购电话：（010）88254888，88258888。
质量投诉请发邮件至zlts@phei.com.cn，盗版侵权举报请发邮件至dbqq@phei.com.cn。
本书咨询联系方式：（010）57565890，meidipub@phei.com.cn。

推荐序

我心目中的黄前松和他的《股权之道》

我认为,"不懈地追求成功,坦然地接受平凡"是一种好的人生状态。黄前松和我,当算是这样的一种人。

2005年,黄前松入读我的"王明夫投资银行私塾",听我讲授投资银行的专业知识、实务和案例。因为是私塾,很自然地,就按着古代私塾先生和弟子的说法,他称我为"先生",执弟子礼。2006年,他加盟和君咨询成为我的同事。自那时迄今16载,他的不懈不怠、专业精进和做人品行,令我心生敬意。

黄前松出生于湖北阳新县一个小村庄,农家子弟,乡镇初中毕业,考入湖北省重点高中——鄂南高中。18岁高考,以文科总分咸宁地区前三名、政治科目湖北省第一名的成绩考入中国人民大学财政金融学院金融学专业,毕业后考入中国人民大学法学院读法律硕士研究生,在读研期间考取了律师职业资格。他的这个履历跟我有着惊人的相似:

农家子弟，自立自强，刻苦学习；念乡镇初中，上重点高中，高考成绩优异，省里政治科状元；名校金融加法律专业毕业，持照律师。

硕士毕业后，他顺利走上工作岗位，先后任职于中谷粮油集团公司上市办公室、中国华融资产管理公司总部、国浩律师（北京）事务所，是一个勤奋和忙碌的青年律师。在读投行私塾期间，他辞去律师执业，加盟和君咨询从事战略咨询和投行业务。战略咨询和投行业务，对一个职业律师来说，是个陌生的领域，但他的勤奋、悟性和学习能力，让他从初学菜鸟、助理咨询师逐步成长为业务能手、骨干咨询师、优秀合伙人，荣获"优秀和君人""和君集团品牌传播与市场开发杰出贡献奖"等荣誉，同时担任和君商学院的班主任。

黄前松擅长为各类企业提供战略、股权激励、资本运作等一揽子的顾问服务，累计担任数十家公司的顾问，帮助一系列客户企业解决了实际问题、实现了更好成长，赢得客户的普遍认可。因为他在股权设计和股权激励方面的专业声誉，早在2014年国务院国资委正式聘任和君咨询为"混合所有制企业员工持股政策"立法研究项目顾问时，黄前松就在项目组中任特聘专家、主要执笔人之一。

2013年年底，他转入和君资本工作，主要从事PE（私募股权）投资、政府产业基金管理，负责管理重庆产业引导基金（全国政府产业引导基金的标杆）第一支专项子基金。他践行赋能式价值投资，擅长为被投资企业提供增值服务和赋能，在其投资历程中，发掘并主导投资了益客食品、润银金融、新安洁、普罗格科技等十几家企业，累计参与投资金额数十亿元。因为他在产业基金的投资管理、公司治理、公司战略等方面的专业声誉，2021年，央企中国通用技术集团的产业基金管理平台——通用技术创业投资公司（负责管理100亿元的产业基金，主要投资先进制造、生物医药）正式聘任他为外部董事，参与通用技术创业投资公司的重大决策和公司治理。

在业务之余，他喜欢阅读、思考、总结，曾受邀为和君商学院企业总裁班、清华大学总裁班、北京产权交易所、《创业家》黑马成长营、全国中小企业股份转让系统、黄石经济技术开发区等举办战略、混合所有制改革、股权激励、企业资本运作、投融资等方面的专业讲座，深受好评。

黄前松跟我共事十多年，有两件事令我尤为印象深刻。

一是黄前松为益客食品提供的咨询服务，持续了十几年之久，助力益客食品的营业收入从几亿元逐步增长到了将近200亿元，服务内容从帮助公司总部选址到实现IPO上市。2021年是和君咨询成立21周年，和君咨询出版了一本和君咨询案例集《高手身影2——中国商业原生态实战案例集》，黄前松和唐尧、刘志强（团队同事）撰写的《民企从创业到百亿元规模的成长之路——益客集团》一文入选这本书。益客食品集团董事长田立余先生为这个案例及这本书写的评语是这样的："自2008年以来，和君咨询主导了益客食品集团的战略规划、股权治理结构、股权激励方案、私募融资，以及长期的发展战略制定。在和君咨询团队十年如一日的指导下，公司稳健而高速地发展，年收入从最初的几亿元到2021年的过百亿元。更重要的是，和君咨询从一开始就给予公司系统设计和指导，保证了公司能够获得资本市场的高度认可。和君咨询把它近20年的专业能力及服务企业的经验以文字的形式分享给读者，我相信企业家们在读过此书之后，会有豁然开朗的感觉！"益客食品集团的董事长田立余先生，是个志存高远、脚踏实地、有品有格、成就卓然的实业家，跟黄前松交往十几年，一直很认可黄前松，双方结下了深情厚谊。我想，咨询服务，要得到田立余这样优秀的企业家的认可，而且持续十几年之久，并非易事，专业和人品，一个都不能少。黄前松就是这样的人，有专业、有人品，值得信赖。

二是2020年4月的一天，黄前松和同事在长沙岳麓山游览，一位游客阿姨突然跌入深潭中。黄前松一见，顾不上脱去外衣和鞋裤，立即跳入水中施救。水深寒凉，岸边坡陡湿滑，他奋力拉着落水游客，但无法上岸，幸得同行的同事及另一游客接力相助，落水阿姨始得脱险。阿姨上岸后，黄前松和同事帮助她处理伤口、联系家人，确认安全后，黄前松才浑身湿漉漉地离去。后来，我在媒体上看到《好人黄前松，爱晚亭前勇救不慎坠潭妇女》的报道，报道中说："岳麓山爱晚亭前，一位50余岁女游客不慎跌落亭前水潭中，现场有位青年奋不顾身地跳进水中救人，施救成功后没有留下联系方式就悄然离开了。连日来，这一勇敢救人不留姓名的青年的先进事迹，被人们广为传播。本报记者辗转多方了解，终于找到舍己救人的湖北黄石籍青年——黄前松。落水市民获救后非常感动，几次要求留下黄前松和同事的联系方式以便日后感谢，而他们却表示本能相助，不足为谢。"这事，按说是小事一桩，但我总觉得它很能反映黄前松的本性。孟子有个著名的比喻和观点：乍见孺子入井，奋不顾身而救之，"非所以内交于孺子之父母也，非所以要誉于乡党朋友也，非恶其声而然也"，实乃人性本善、人之本能使然。黄前松就是这样的人，身上还保有着孟子所说的那种本善和王阳明所说的那种良知。

跟黄前松讨论事情或项目、沟通工作和学习，我有三点感受很突出：第一是可信。黄前松是个朴实无华、内拙外重的人，没有省级状元、名校学霸身上常见的靓丽光芒和傲气侧漏。我没听到过他说什么豪言壮语，也没见过他夸夸其谈，他给我的印象一直是低调踏实、不事张扬、不苟言笑的，说事论人客观理性，不言过其实、不夸张渲染。因为他的这个特点，他说的人和事，我都天然地增多了信任。第二是清晰。黄前松的思维和沟通，逻辑性极好，头脑十分清晰，属于说话能说到点、交锋能接上火、交流能通上电的那种人。第三是不勉强别人，尽量不给别人添麻烦、不给公司添困难。

黄前松在人大的同班同学、在和君时的长期搭档李亚峰说："前松在校时即养成了良好的生活和学习习惯，早睡早起，日清日毕。共事后我深入了解了他多年的工作习惯，每个项目都有完整记录、日后复盘、心得体会。这种习惯的养成全赖于他的志趣及和君文化的熏陶。我们团队内部分享，他对团队成员提的要求是：每个人要争取成为所在领域专业水准的前三强。凭专业立足，靠人品树信，以奋斗为本，这是我与前松相识近20年从他身上获得的最宝贵财富。"

诚哉斯言，凭专业立足，靠人品树信，以奋斗为本，用这三句话来描述黄前松，名副其实。

黄前松要出版新书《股权之道：设计·激励·治理》，让我写个序，我欣然答应了。股权是人类现代文明史上最重要的制度创新之一，股权制度奠定了现代工商业发展的基础。企业股权的顶层设计、股权激励、股权治理，从来都不是一个简单、轻巧的事，在某种意义上，是企业最复杂、最重要的事。

可惜的是，在现实中，很多企业都会在股权问题上犯错误、栽跟头。或控制权不稳定，公司风雨飘摇；或没有利益分享机制，团队分崩离析；或分利不公平，队伍鸡飞狗跳；或公司治理失效，陷入僵局；或事业无法传承，一生心血付诸东流。要防止、解决这些问题，就需要对股权问题有系统、全面、透彻的理解。这本书，是理解股权问题的佳作！

这本书提出了很多原创观点，比如：控制权要稳定，经营权要充分，收益权要分享；中国已经进入了"人才市值"时代；股权激励是公司发展的核动力；股权治理的核心，是治理"企业家、投资者、核心人才"三要素，"控制权、经营权、收益权"三权，"股东会、董事会、总经理办公会"三会，"创业元老、管理团队、接班人"三股力量。只有解决了这些问题，企业方可实现基业长青、永续经营。作者的这些认识，非常系统，很多见地都值得深思。

这本书还分析了很多典型案例，其中，既有新东方公司治理、诸多企业的股权激励案例等和君咨询亲自操办的经典案例，也有万科控制权争夺战、美的事业传承、高瓴资本与董明珠联手收购格力电器等著名案例。这些案例，具有代表性、典型性，作者的分析一针见血，抓住要害，值得借鉴。

黄前松以"培育卓越企业，推动产业进步"为职业志趣。他自2006年入职和君咨询以来，是和君咨询股权激励业务板块的主要创始员工之一，经历、操办了一大批企业的股权设计、股权激励、股权治理，解决了它们的股权难题，获得了它们的赞誉和谢忱。后来，他开始管理私募股权投资基金，发现、投资了一批优秀的企业，在他的领投带动下，有多个企业已经成长为行业龙头企业。"咨询+投资"的长时间实践历练，使得他对股权问题的理解富有洞见，比一般的专业人士更有高度、更系统、更接地气。

我相信，这本书将会帮助广大企业家、创业者、投资者更透彻地理解股权问题，帮助广大企业获得更好的成长！

和君集团董事长，和君商学院院长

2021年6月30日，于和君小镇

序　言

一、股权：企业的根基与命脉

股权，从法律维度上讲，是股东基于其股东资格而享有的，从公司获得经济利益，并参与公司经营管理的一种权利。

股权，从经济维度上讲，首先是股东享有的一种财产。享有财产，是保障个人生活安全、体面、尊严的必要条件。人们对财产、财富、美好生活的不懈追求，是经济社会发展的强大动力。

在传统的农业社会，社会生产力较低，生产关系经常内卷，享有温饱、财富，并不是一件容易的事情，所谓"朱门酒肉臭，路有冻死骨"。在中国的传统文化中，大同社会是最高理想，小康社会是大多数人的理想，其中的一个核心内容便是让普通劳动者也享有温饱和财富。伟大的思想家孔子曾说："富而可求也，虽执鞭之士，吾亦为之。"意思是：如果富贵合乎于道就可以去追求，即使是给人执鞭的下等差事，我也愿意去做。孟子提倡"民本""仁政"，提倡"养民"，提出要千方百计满足人民的生活需要，最大限度地提高人民的生活水平。为了实现"养民"的目的，孟子提出了"制民之产"的主张。孟子认为，统治者要想得到人民的拥护，必须使他们有固定的产业，所谓"民之为道也,有恒产者有恒心,无恒产者无恒心"。在传统的农业社会,土地是财富的主要载体,人们追求的是"耕者有其田"。

从传统的农业社会,走向现代工商业社会,是一个巨大的飞跃。能源、交通、通信等领域的变革,土地、劳动力、资本等要素的结合,通过分工、交换、协作,提高了效率,加大了产出,扩大了规模,增加了利润,而这一切又刺激了对资本的进一步需求。现代公司制度出现后,集合众人之资金,共同投资、共担风险、共享收益,极大地推动了资本的聚集和产业的发展。在产业的发展、升级中,一批批优秀的企业脱颖而出,谁享有这些企业的股权,谁就可能享有巨大的财富。在现代工商业社会,股权是财富的主要载体之一,人们追求的是"商者有其股"。

任何企业的创立,都是一次极大的冒险。有的企业无法完成从0到1的惊险跳跃;有的企业有幸完成了从0到1的惊险跳跃后,孜孜不倦地追求从1到100、从100到10 000的远大前程。随着企业的发展,创始人的能力、资源不足,于是,需要联合创始人;创始人的资金不足,于是,需要职业投资人或投资机构提供外部资金;创始人不可能一个人包打天下,于是,需要职业经理人、核心人才团队、普通员工;创始人也会生老病死,于是,事业需要传承给第二代接班人。可见,企业不是一个人的企业,而是一群人的企业。既然是一群人的企业,到了一定阶段,创始人一人独占股权,既不必要,也不现实。如何妥善处理创始人、联合创始人、职业投资人(投资机构)、职业经理人、核心人才团队、普通员工、第二代接班人的股权关系和价值分配关系,成了关系企业生死存亡、基业长青的大事。这其中的要害,就是企业的控制权、经营权、收益权三者的配置与治理。

在实践中，我们看到大量企业的真实案例：股权不牢，地动山摇；股权独占，财聚人散；股权过散，企业内乱。可以说，股权是企业的根基与命脉。

二、股权激励：企业发展的核动力

在从农业社会到工商业社会的历史性转变中，相对于土地、劳动力，货币资本变得相对稀缺，于是，货币资本掌握了更大的话语权，在价值分配中占据了主导地位。谁掌握了货币资本，谁就掌握了股权。

然而，随着货币资本在全球范围内逐渐过剩，企业从粗放式发展走向创新式发展，人力资本变得越来越重要。在某些时候，谁掌握了人力资本，谁就掌握了主导权，即"人才雇佣资本"。通常而言，谁拥有了人力资本，谁就应该享有股权。

我认为，股权激励是企业发展的核动力。对于企业而言，股权激励不是万能的，但是，没有股权激励是万万不能的。

自从中国资本市场完成股权分置改革以来，原始股可以流通，股东的"纸上财富"变成了真实的财富。特别是，2009年中国资本市场的创业板开启，一批上市公司的高管因为持有企业的股份，一夜之间变成了亿万富翁。2009年，我提出"中国人力资本的市值时代已经到来"，这意味着，不仅土地、货币资本等要素可以获得市值，人力资本的价值也可以通过实施股权激励的方式获得资本市场的估值。通过股权激励，"资本雇佣人才"向"人才雇佣资本"过渡。

对于职业经理人、核心人才团人、普通员工而言，享有股权意味着真正成为企业的一分子，是从"打工人"向"企业主人"的巨大转变，意味着会享受到企业发展带来的利润分红、市值增长。当然，也要承担企业经营中的巨大风险。

三、股权治理：企业基业长青的要害

不同行业的企业，无论是初创期、成长期还是成熟期，无论是国有企业还是混合所有制企业，都会面临企业治理问题，其核心之一是股权治理问题。在我看来，股权治理的核心，是处理"企业家、投资者、核心人才"三要素，"控制权、经营权、收益权"三权，"股东会、董事会、总经理办公会"三会，"创业元老、管理团队、接班人"三股力量的关系。解决了这些治理问题，企业方可实现基业长青、永续经营。

四、我的实践与心得

机缘巧合，我的学习、工作、事业经历，一直围绕着"股权"展开。

大学本科阶段，我读的是金融学专业，主要学习货币、资本；研究生阶段，我读的是法律专业，主要研究股份制、证券法。毕业后，我从事过一段时间的律师工作，主要负责股权与资本市场等方面的法律业务。2006年，我进入和君咨询工作，一直为企业提供战略、股权激励、股权融资、资本运作等咨询服务。2013年，我开始从事股权投资工作，主导完成了对10多家企业的股权投资，其中有多家已经成长为行业龙头企业。

我工作的主线一直是"股权"，为100多家企业提供过股权设计、股权激励、股权治理等咨询服务。前来向我咨询的同学、同事、朋友甚至陌生人，不计其数。这些企业分布在农业、食品、餐饮、教育、大健康、工业、高科技、金融、智力服务等各行各业，分别处于初创

期、成长期、成熟期、衰退期等各个阶段。其中，大的企业有数万亿元资产，小的企业只有几百万元资产甚至更低。我见证了很多企业由于进行了良好的股权设计、激励、治理，异军突起，高速发展，成为行业巨头；也看到了很多企业由于股权处理不当，内耗不断，一落千丈，就此衰败。

长期的历练，让我养成了一个职业本能和工作习惯，即对于任何一个企业，我都会从它的股权设计、激励、治理机制切入，去了解它。股权仿佛是企业的基因和密码，我会先搞清楚其股权的来龙去脉，再去调研企业其他方面的问题。随着调研的深入，对这个企业的价值、问题、成长上限，我就逐步心里有数了。

在这个过程中，我逐渐形成了从战略、产业、资本、管理、企业治理、人力资源、法律、税务等综合视角来看企业股权问题的习惯，逐渐获得了对于企业股权问题的洞见，也帮助了一大批企业解决了股权问题。

五、本书的立意与逻辑

我一直想动手写一本书，将我在股权领域积累的知识、经验与心得，分享给大家，帮助更多的企业实现股权资源的优化配置，将企业打造成利益共同体、事业共同体、命运共同体。

然而，由于琐事缠身，我一拖再拖。2020年，我终于动手写作了。

我认为股权的核心命题是股权设计、股权激励、股权治理，所以，本书主要围绕这三部分内容撰写。每一部分内容，我都按照"基本原理+实践案例"的方式展开，以期帮助读者形成基于感性认识基础的理性认识。

关于股权的工具、方法的书,汗牛充栋,其中有佳作,但是,很多书都陷入细节之中,只见树木不见森林,反倒不利于非专业人士出身的"企业人"读懂读透。无论是认识论,还是方法论,从大处着眼、小处着手是非常重要的。因此,本书致力于告诉读者不仅要知其然,更要知其所以然;既要概览股权的常识,也要掌握股权的第一性原理、基本规律、根本道理。道理是容易理解的,但是做到"知行合一"并不容易。因此,在实践中,在股权问题上"翻船"的企业比比皆是。常识乃道,"道也者,不可须臾离也;可离,非道也"。

六、我的心愿

现代社会是一个以工商业为主的社会,是由产业组成的社会。合理的股权设计、激励、治理机制,关系到每个企业的健康发展,关系到每个产业的健康发展,关系到社会的和谐发展。

我希望,在现代产业社会,土地、资本、劳动力、技术等生产要素,都能够能获得合理的股权和回报。

我希望,在现代产业社会,有更多的企业,能由于良好的股权设计、激励、治理,成为利益共同体、事业共同体、命运共同体,获得更好的发展。

我希望,在现代产业社会,有更多的优秀人才,能找到自己的事业平台,融入一个事业共同体,摆脱"打工人"的命运,成为企业"主人",享受股权带来的收益。

我希望,读了这本书的读者,能更好地度过自己的职业与事业生涯!

目 录

第一部分 股权设计

第1章 股权的演变 // 002

1.1 股权是什么 // 002

1.2 股权在国外 // 004

1.3 股权在中国 // 005

第2章 股权设计的基本原理 // 010

2.1 不同股份比例的意义 // 010

2.2 基于内部价值链条的协同 // 017

2.3 基于产业价值链条的协同 // 021

2.4 基于公司长治久安的股权逐步稀释 // 025

2.5 打造基于同创共享精神的利益和事业共同体 // 029

2.6 心法：股权设计的基本原理 // 034

第3章 不同类型企业的股权设计 // 042

3.1 兄弟企业的股权设计 // 042

3.2 夫妻企业的股权设计 // 045

3.3 同学企业的股权设计 // 050

3.4 家族企业的股权设计 // 053

3.5 金融机构的股权设计 // 066

3.6 知识型企业的股权设计 // 079

3.7 集团孵化企业的股权设计 // 084

3.8 心法：不同类型企业股权设计的基本原理 // 089

第二部分　股权激励

第 4 章　股权激励的演变 // 096

4.1 股权激励在国外 // 096

4.2 股权激励在中国 // 098

4.3 股权激励的作用 // 103

第 5 章　股权激励的基本原理 // 111

5.1 以人为本 // 111

5.2 同创共享 // 114

5.3 战略导向 // 116

5.4 长效机制 // 119

第 6 章　不同成长阶段企业的股权激励 // 125

6.1 初创期企业的股权激励 // 125

6.2 成长期企业的股权激励 // 130

6.3 上市前企业的股权激励 // 135

6.4 上市公司的股权激励 // 140

6.5 企业集团的股权激励 // 150

第 7 章 股权激励的操作流程 // 154

7.1 树立正确的理念 // 154

7.2 确定激励对象的范围 // 156

7.3 确定激励的总体水平 // 158

7.4 确定激励对象的价值 // 158

7.5 确定激励对象的股权比例 // 159

7.6 测算激励对象的成本及收益 // 159

7.7 制定激励方案和考核办法 // 160

7.8 办理法律手续 // 161

7.9 动态管理股权 // 162

7.10 股权激励的基本操作流程案例 // 163

第 8 章 特殊类型企业的股权设计与股权激励 // 171

8.1 混合所有制企业 // 171

8.2 管理层收购企业 // 178

8.3 员工持股企业 // 185

第三部分 股权治理

第 9 章 股权治理的基本原理 // 196

9.1 "企业家、投资者、核心人才"三要素的关系 // 197

9.2 "控制权、经营权、收益权"三权的关系 // 202

9.3 "股东会＋董事会＋总经理办公会"三会的关系 // 207

9.4 "创业元老、管理团队、接班人"三股力量的关系 // 214

第 10 章 典型企业的股权治理 // 223
  10.1 万科控制权争夺 // 223
  10.2 美的公司治理与股权激励 // 231
  10.3 高瓴资本收购格力电器 // 240

后　记 // 248

参考文献 // 250

第一部分

股权设计

第1章
股权的演变

民之为道也,有恒产者有恒心,无恒产者无恒心。(《孟子·滕文公上》)

1.1 股权是什么

2020年,中国资本市场出现了投资消费行业龙头的热潮。当年9月8日上午9时30分,被戏称为"水中茅台"的农夫山泉在香港交易所正式上市,开盘价为39.8港元,暴涨85.12%,市值达4453亿港元。农夫山泉的创始人钟睒睒凭借84.41%的股权比例,持股市值约3115亿元人民币,成为当时的中国首富。

为什么84.41%的股权能够价值约3115亿元人民币?要回答这个问题,我们需要追根溯源,首先去了解股权到底是什么。

1.1.1 定义

所谓股权,是指股东因出资而取得的、依法定或公司章程的规定和程序参与公司事务并在公司中享受财产利益的、具有可转让性的权利。

1.1.2 股权的特点

股权作为股东拥有的权利的统称,具有以下三个特点。

1. 通过出资形成

股权是出资者向公司出资，以丧失其出资财产所有权为代价取得的权利。

2. 综合性

股权包括股息或者红利分配请求权、新股优先认购权、剩余财产分配权、股份转让权等财产权，也包括一系列公司事务的参与权，如表决权、公司文件查阅权、召开临时股东会请求权、对董事及高级职员的监督权等，是一种综合性的权利。

3. 社员权

股权是股东因出资成为法人社团成员而取得的一种社员权利，包括财产权和管理参与权，是一种独立类型的权利。

1.1.3　股权的重要性

对于企业来说，股权是其生存的根基，股东通过向企业出资而获得股权，企业因股东的出资而有了赖以经营发展的资本；对于企业家来说，股权是其控制企业的手段，通过拥有股权而实现对于企业的控制；对于投资者来说，股权是其分享企业成长红利、获取投资收益的重要工具。

对财富和权力的追逐刺激了人类社会的发展，股权制度作为当今商业社会的底层制度，叠加了"财富"和"权力"的双重"魔力"，激励着一代代人艰苦奋斗，由此掀起一波波创业和投资浪潮，造就了当今繁荣璀璨的商业文明。

1.2 股权在国外

股权是所有权的象征，其在国外的演变与公司制的发展息息相关。探索公司的起源与发展有助于更深刻地理解股权的内涵和本质，以及其发展变化的过程。国外公司制的诞生是时代的经济、社会、文化、战争等多种因素综合作用的结果，其发展演变大致可分为原始公司阶段、近代公司阶段和现代公司阶段这三个阶段。

19世纪下半叶，在科学技术创新、工业高速发展、市场竞争日益激烈等多重因素影响下，新兴产业，如电力、石油、汽车、化工、矿业、钢铁、运输业等相继崛起，而这些产业要求的资本规模巨大，个别投资人一般难以承受。在此背景下，股份制公司开始在真正意义上浮现并高速发展。

德国作为新兴工业大国，是当时的典型代表，不仅工业发展迅速，还成立了世界上第一个"卡特尔"（Cartel）组织——德意志钢铁联合组织。在卡特尔之后，又出现了新型联合组织"辛迪加"（Syndicat）。随着公司规模不断扩大，以及业务区域性扩张，德国又出现了跨行业、跨规模、跨国界的集团型公司，即"康采恩"（Konzern）组织。与此同时，美国也从19世纪50年代起，相继在各个传统行业设立股份公司，并首先出现将多家公司兼并而组成一家新组织的情形，兼并重组后的公司被称为"托拉斯"（Trust），它也很快成为美国垄断组织的主要形式。

1892年，德国颁布了有限责任公司法，使得兼有无限公司与股份有限公司二者优点的股份两合公司合法化。股份两合公司的特点是资本需要等额划分为股份,承担有限责任的股份可以采用股票的形式向社会发行。其因具有更加广泛的社会化募资特点,一度受到广大投资者欢迎。

总而言之,随着国外公司不断发展与演进,公司在社会生活中的中心地位与优势也日益显现。首先,公司可以对外筹集资本,尤其是自股份制公司雏形出现后,无须考虑股东身份,公司能够向社会募资,由此促进经济社会的快速发展;其次,公司股东由过去承担无限责任发展到仅需承担有限责任,既减少了股东风险,又提高了投资人出资的积极性;再次,股东作为公司的所有人,其个人财产与公司财产相互独立,促使公司的经营权与所有权进一步分离;最后,随着经济与资本市场的发展,股份公司的股权结构逐步向多元化、分散化发展,公司治理也进一步完善。

1.3 股权在中国

股权制度作为公司制度的组成部分,其在我国的发展与公司制在我国的发展密不可分。同时,作为社会主义国家,我国的股权制度的发展有着鲜明的社会主义特征,在经历股权分置改革后逐步与世界接轨。

1.3.1 公司制在中国的发展

我国公司制度的发展从清朝末年至今,几经曲折,在此不再赘述。

党的十一届三中全会召开后,党的工作重点逐渐转移到社会主义现代化建设上来,我国进入经济体制改革时期,过去废除的公司制度重新建立了起来。1979 年 7 月,全国人大制定并颁布了《中华人民共和国中外合资经营企业法》，从最高立法层面确认了有限责任公司形式的合法性，标志着我国公司企业制度走上法制化正轨。1988年6月25日，国务院颁布了《中华人民共和国私营企业暂行条例》，对私营企业提出了总则性的规定，条例规定私营企业可以采用独资企业、合作企业和有限公司三种形式。该条例实际上确定了以国内法人、自然人作为股东而设立有限责任公司的合法性。

1993年12月，全国人大常委会通过《中华人民共和国公司法》（以下简称《公司法》），新中国第一部公司法诞生，公司立法渐趋规范化。《公司法》规定公司是企业法人，表现为有限责任公司与股份有限公司两种组织形式，且均规定了最低注册资本限额。为填补立法空白，1997年、1999年，全国人大又分别颁布《中华人民共和国合伙企业法》《中华人民共和国个人独资企业法》，明确了合伙企业和个人独资企业的法律地位。合伙企业与个人独资企业作为非法人商事主体，注册资本无最低限制，投资人对企业债务承担无限责任。企业设立程序较为简便，便利了小微企业的发展。

《公司法》前后经历了五次修订，逐步解决了在实践中存在的一系列问题，为我国经济的发展做出了根本性的制度贡献。

1.3.2 股权分置改革

1. 股权分置的历史渊源

1991年6月，《深圳市股票发行与交易管理暂行办法》首次把股份分为国家股、法人股、个人股、特种股，这可以看作股权分置的起源。1994年3月，《股份制试点企业国有股权管理的实施意见》规定，对于特定行业和在国民经济中占据重要地位的企业，应当保证国家股的控股地位不被动摇，进而从法律角度指出了股权分置政策的实施原则。在国有企业股份制改造初期，为确保公有制经济的主导地位，防止国有资产流失，防止股份私有化问题出现，我国相关部门推出一个折中方案，企业原有的存量国有资产保留股东的所有权，不进行上市流通，只可通过场外协议转让，其形式为国有股、法人股及内部职工股等，即非流通股。而通过溢价增发股票进行上市流通来吸收私有资本的称为社会公众股，可在沪深证券交易所进行上市和交易。在其后的市场实践中，这种二元股权结构被固定下来，形成了我国独有的股权分置现象。

在股权分置下，上市公司在证券交易所上市流通的股份仅占公司总股本的1/3，另外多达2/3的股份不具备流通权。据统计，截至2004年年底，沪深两市的上市公司7149亿股的总股本中，非流通股份数量为4543亿股，占到上市公司总股本的64%，其中的74%为国有股。

2. 股权分置的弊端

股权分置的弊端主要体现在三个方面：

首先，由于多数股票的流通股数量较少，游资只需要少量资金就可以操纵股价，造成股价短期内大幅度波动，扭曲了股票市场定价机制。

其次，非流通股股东和流通股股东利益不一致。流通股股东靠二级市场股价上涨而盈利，而非流通股只能通过场外协议转让，所以非流通股股东不关心二级市场上的股价表现，也就不能形成有效的股权激励。同时，非流通股股东对上市公司的绝对控制，容易造成对中小股东利益的侵害。

最后，在非流通国有股的协议转让中，因为价格发现不充分，存在政策性套利空间，以净资产价格水平购买非流通股对国家来讲是一种资产流失行为，受让者则通过套利获取了超额暴利。

作为历史遗留的制度性缺陷，股权分置在诸多方面制约了中国资本市场的规范发展和国有资产管理体制的变革。随着新股不断发行上市，其对资本市场改革开放和稳定发展的不利影响也日益突出。

3. 解决股权分置的探索

1998年下半年到1999年上半年，为了满足国有企业改革发展的资金需求和完善社会保障机制，部分试点国企开始国有股减持的探索性尝试，但由于实施方案与市场预期存在差距，试点很快被停止。伴随着国有股减持首次尝试的停止，A股市场于1999年5月爆发了著名的"5·19"行情，沪综指连续两年大幅上涨，并于2001年达到了2242点的阶段性高点。2001年6月12日，国务院颁布《减持国有股筹集社会保障资金管理暂行办法》，该办法延续了之前的国有股减持思路，同样遭到了股票市场"用脚投票"的反对，引发了股票指数的大幅下跌和股票市场融资功能的丧失，并间接引发了部分金融机构兑付危机。由于市场效果不理想，此次国有股减持计划也于2001年10月22日宣布暂停。

4. 股权分置改革的落地

2004年1月31日，《国务院关于推进资本市场改革开放和稳定发展的若干意见》发布，它将资本市场的地位提高到了国家战略的高度，其中提到要积极稳妥解决股权分置问题。2005年4月29日，证监会发布《关于上市公司股权分置改革试点有关问题的通知》，宣布启动股权分置改革试点工作。改革的核心措施是非流通股股东支付"对价"来赎买其市场流通权。在全流通情况下，非流通股获得了在二级市场上出售的权利，必然会冲击股价。因此，为了获得流通权，非流通股股东需通过送股、回购等方式向潜在的利益受损者进行补偿。

2005年6月6日，证监会推出八项举措稳定市场，股市产生新一轮行情。为稳定市场预期，证监会还明确规定，试点公司的大股东必须承诺其持有的非流通股股份在改革方案通过后的12个月内不上市交易或者转让，承诺期满后，非流通股的上市也应按照步骤有序进行。市场行情启动后改革的阻力大大减小，改革得以顺利推进。上证指数从2005年最低点998点持续上涨到2007年的6124点。至2007年年底，大部分上市公司顺利完成了股权分置改革。

解决股权分置问题是中国证券市场自成立以来影响最为深远的改革举措，为中国证券市场的健康发展打下了坚实基础，其历史意义甚至不亚于创立中国证券市场。股权分置改革使得二元股权现象终结，我国的股权制度逐步与世界主流接轨。

耕者应有其田，商者应有其股。

第 2 章
股权设计的基本原理

力出一孔，利出一孔。

2.1 不同股份比例的意义

拥有不同的股份比例，就会拥有法律所赋予的不同权利，有人把不同的股份比例临界线比喻成"股份生命线"。通常来讲，依据法律法规和监管部门规章制度，股份比例有九个临界线，当达到或超过这些临界线时，会得到或失去法律赋予的一些权利。

2.1.1 绝对控制线 2/3

2/3 的股份占比是绝对控制线，代表拥有绝对控制权。当持有公司股份比例达到 2/3 的时候，就拥有了接近于股份占比 100% 的权利。其法律依据是《公司法》第四十三条、第一百零三条。

第四十三条

股东会的议事方式和表决程序，除本法有规定的外，由公司章程规定。股东会会议作出修改公司章程、增加或者减少注册资本的决议，以及公司合并、分立、解散或者变更公司形式的决议，必须经代表三分之二以上表决权的股东通过。

第一百零三条

股东出席股东大会会议，所持每一股份有一表决权。但是，公司持有的本公司股份没有表决权。股东大会作出决议，必须经出席会议的股东所持表决权过半数通过。但是，股东大会作出修改公司章程、增加或者减少注册资本的决议，以及公司合并、分立、解散或者变更公司形式的决议，必须经出席会议的股东所持表决权的三分之二以上通过。

2.1.2 相对控制线51%

51%的股份占比是相对控制线，获得51%股份后，即可对公司的一般决议事项进行控制。决策事项分为重大事项和一般事项，重大事项有修改章程、增资、减资、合并、分立、解散、改变公司形式等。一般事项通常由股东大会或董事会决议，如对外担保，股份对外转让（股东之外），选举董事长、副董事长、董事、监事等。其法律依据是《公司法》第一百零三条。

2.1.3 否决性控制线1/3

否决性控制线也称为安全控制线，股份占比超过1/3的股东具有一票否决权。对于需要2/3以上表决权同意通过的事项，若持有公司1/3以上表决权的股东不同意，则股东会无法通过该事项，因此，该股东虽然只持有1/3以上表决权，却获得了否决性控制权。其法律依据和2/3的绝对控制线相同，均是《公司法》第四十三条和第一百零三条。

2.1.4 要约收购线30%

对于上市公司来说，30%的股份为上市公司要约收购线（指收购人向被收购的公司发出收购的公告，待被收购上市公司确认后，方可实行收购行为）。其法律依据是《中华人民共和国证券法》（以下简称《证券法》）第八十八条和《上市公司收购管理办法》第二十四条，规定通过证券交易所的证券交易，持有一个上市公司已发行的股份达到30%时，继续增持的，应当采取要约方式，向该上市公司所有股东发出全面要约或者部分要约。

《证券法》第八十八条

通过证券交易所的证券交易，投资者持有或者通过协议、其他安排与他人共同持有一个上市公司已发行的股份达到百分之三十时，继续进行收购的，应当依法向该上市公司所有股东发出收购上市公司全部或者部分股份的要约。收购上市公司部分股份的收购要约应当约定，被收购公司股东承诺出售的股份数额超过预定收购的股份数额的，收购人按比例进行收购。

《上市公司收购管理办法》第二十四条

通过证券交易所的证券交易，收购人持有一个上市公司的股份达到该公司已发行股份的30%时，继续增持股份的，应当采取要约方式进行，发出全面要约或者部分要约。

需要注意的是，此规定仅适用于上市公司，不适用有限公司及未上市的股份有限公司。

2.1.5 同业竞争警示线20%

同业竞争是指上市公司所从事的业务与其控股股东或控股股东所控制的其他企业所从事的业务相同或近似，双方构成或可能构成直接或间接的竞争关系。对于上市公司而言，股份占比 20% 是同业竞争警示线。对于有限公司和未上市的股份有限公司，法律没有同业竞争的相关限制。

但是，20% 这个警示线不是绝对的，假如在股东协议中约定了同业竞争的禁止规则，则按协议执行。一般认为拥有 20% 以上股份能够对经营决策产生重大影响，所以在实际操作中往往会将 20% 视为同业竞争警示线。

2.1.6 临时会议权10%

拥有 10% 的股份有提议召开临时会议的权力。临时会议包括股东大会临时会议、股东会临时会议、董事会临时会议。会议可提出质疑、调查、清算、解散公司等提案。股东大会分为年会和临时会议。股东大会每年至少一次。股东会分定期会议和临时会议，定期时间在公司章程中约定。董事会每年至少召开两次。其法律依据是《公司法》第三十九条、第四十条、第一百条、第一百一十条。前两条适用于有限责任公司，后两条适用于股份有限公司。

第三十九条

股东会会议分为定期会议和临时会议。定期会议应当依照公司章程的规定按时召开。代表十分之一以上表决权的股东，三分之一以上的董事，监事会或者不设监事会的公司的监事提议召开临时会议的，应当召开临时会议。

第四十条（摘录部分内容）

董事会或者执行董事不能履行或者不履行召集股东会会议职责的，由监事会或者不设监事会的公司的监事召集和主持；监事会或者监事不召集和主持的，代表十分之一以上表决权的股东可以自行召集和主持。

第一百条（摘录部分内容）

股东大会应当每年召开一次年会。有下列情形之一的，应当在两个月内召开临时股东大会：（三）单独或者合计持有公司百分之十以上股份的股东请求时。

第一百一十条（摘录前半段）

董事会每年度至少召开两次会议，每次会议应当于会议召开十日前通知全体董事和监事。代表十分之一以上表决权的股东、三分之一以上董事或者监事会，可以提议召开董事会临时会议。

2.1.7 重大股份变动警示线5%

股份占比5%的警示线仅适用于上市公司。持有上市公司股份5%以上时，必须公示，且持有人的股份变动属于重大事件，也必须公示。通过证券交易所购买上市公司股票达到5%时，必须向交易所出具书面报告，通知上市公司，且必须公示，在此期间内不得继续买卖。其法律依据是《证券法》第六十七条、第七十四条、第八十六条。

第六十七条（摘录部分内容）

发生可能对上市公司股票交易价格产生较大影响的重大事件，投资者尚未得知时，上市公司应当立即将有关该重大事件的情况向国务院证券监督管理机构和证券交易所报送临时报告，并予公告，说明事件的起因、目前的状态和可能产生的法律后果。下列情况为前款所称重大事件：（八）持有公司百分之五以上股份的股东或者实际控制人，其持有股份或者控制公司的情况发生较大变化。

第七十四条（摘录部分内容）

证券交易内幕信息的知情人包括：（二）持有公司百分之五以上股份的股东及其董事、监事、高级管理人员，公司的实际控制人及其董事、监事、高级管理人员。

第八十六条（摘录本条前半段）

通过证券交易所的证券交易，投资者持有或者通过协议、其他安排与他人共同持有一个上市公司已发行的股份达到百分之五时，应当在该事实发生之日起三日内，向国务院证券监督管理机构、证券交易所作出书面报告，通知该上市公司，并予公告；在上述期限内，不得再行买卖该上市公司的股票。

2.1.8 临时提案权3%

临时提案权是指持有公司 3% 以上股份的股东，可以在股东大会召开时提出临时提案，仅适合股份有限公司。3% 的股份可以是单个股东持有，也可以是多个小股东合计持有。其法律依据是《公司法》第一百零二条第二款。

第一百零二条（摘录部分内容）

单独或者合计持有公司百分之三以上股份的股东，可以在股东大会召开十日前提出临时提案并书面提交董事会；董事会应当在收到提案后二日内通知其他股东，并将该临时提案提交股东大会审议。临时提案的内容应当属于股东大会职权范围，并有明确议题和具体决议事项。

2.1.9 代位诉讼权1%

代位诉讼权也称派生诉讼权。通俗地讲，代位诉讼或派生诉讼的意思就是指当董事、监事、高管等公司高层有损害公司利益的行为时，股东只要持股比例达到1%，就可以以自己的名义代公司对高层提起诉讼。其法律依据是《公司法》第一百五十一条。

第一百五十一条

董事、高级管理人员有本法第一百四十九条规定的情形的，有限责任公司的股东、股份有限公司连续一百八十日以上单独或者合计持有公司百分之一以上股份的股东，可以书面请求监事会或者不设监事会的有限责任公司的监事向人民法院提起诉讼；监事有本法第一百四十九条规定的情形的，前述股东可以书面请求董事会或者不设董事会的有限责任公司的执行董事向人民法院提起诉讼。监事会、不设监事会的有限责任公司的监事，或者董事会、执行董事收到前款规定的股东书面请求后拒绝提起诉讼，或者自收到请求之日起三十日内未提起诉讼，或者情况紧急、不立即提起诉讼将会使公司利益受到难以弥补的损害的，前款规定的股东有权为了公司的利益以自己的名义直接向人民法院提起诉讼。

2.2　基于内部价值链条的协同

管理学大师彼得·德鲁克曾在《管理新现实》[①]中指出："管理是一门'博雅技艺'。是'博雅'，因为它关切的是知识的根本、自我认知、智慧和领导力；也是'技艺'，因为管理就是实行和应用。"这就要求管理者自身需要具备复合多元的知识背景，也在客观上要求管理者拥有较强的综合素质，以灵活应对商场上的风云变化。

然而，人无完人。正如中国古典《楚辞·卜居》[②]中写道："夫尺有所短，寸有所长。"类似地，美国著名经营顾问伊查克·爱迪思认为："因为人无完人，所以我们都不是称职的管理者，只是程度不同而已。想做出既有效益与效率，又积极的决策，所需要的是一个互补的领导集体。"[③] 企业创始人无论多么优秀，其在视野与能力上总有一定的局限性。

[①] 德鲁克. 管理新现实 [M]. 吴振阳，等译. 北京：机械工业出版社，2019.
[②] 屈原. 楚辞 [M]. 徐志啸，注评. 武汉：长江文艺出版社，2015.
[③] 爱迪思. 企业的生命周期 [M]. 王玥，译. 北京：中国人民大学出版社，2017.

稻盛和夫在其所著的《稻盛开讲2：经营力》[1]中写道："经营力的首要力量是经营者的'自力'，第二大力量——'他力'同样不可或缺。经营者必须善于借助'他力'。'他力'，首先表现在，甄选自己的得力干将，并将其招入麾下。惺惺相惜，才能并肩奋斗。"这段话实则在强调企业的经营需要依靠内部价值链条的协同，不仅仅指经营能力上的有机协同，还泛指创始团队在性格、知识结构上的互补。因而，企业在经营过程中，能够找到意气相投、能力互补的合伙人，相互协同，是事业成败的关键要素之一。

本田公司的本田宗一郎与藤泽武夫创业合伙模式

本田，全称"本田技研工业株式会社"，是闻名世界的机动车制造商，2020年度在《财富》世界500强中位列第39名。本田受公众所关注的重点，不仅仅是其品牌、产品与销售业绩，更被称道的是本田公司创业合伙的"黄金组合"——本田宗一郎与藤泽武夫。二人"双剑合璧"已成为企业经营"双雄俱立"的经典案例，其既是基于彼此对使命、愿景、价值观、才华等的认同，也是基于企业内部价值链的协同以及对企业价值最大化的追求。

1906年，本田宗一郎出生于静冈县磐田郡光明村打铁匠田仪平家，为家中长子。宗一郎虽然出身贫苦家庭，但自幼便对机械表现出浓厚的兴趣。16岁时宗一郎便开始在汽车修理厂做学徒，经历6年学徒生涯后，宗一郎回到家乡开设了一家汽车修理厂。

---

[1] 稻盛和夫. 稻盛开讲2：经营力 [M]. 蔡越先, 译. 北京：东方出版社, 2015.

1934年，宗一郎创建了东海精机重工业公司，并担任总经理。次年，因三河地震，东海精机重工业滨松工厂破产，宗一郎将其所持有的东海精机重工业股票全部转让给丰田自动纺织机公司。1946年，宗一郎再次创业，在滨松设立了本田技术研究所，主要研究生产纺织机械。1948年，宗一郎成立本田技研工业株式会社，并担任会社社长（董事长），开始研发摩托车。

1949年是宗一郎人生的转折点。经友人介绍，他与藤泽武夫初次见面，并就此确定了合作关系。值得注意的是，宗一郎与藤泽并不是董事长与员工的上下级关系，而是真正意义上的事业合伙人关系。虽然两人性格相异，但在工作上默契十足。宗一郎是技术专家，常常穿着工作服待在研究所里，专注于技术与产品的研究。而藤泽在管理上有自己的独到之处，这也使得宗一郎放心地将销售、财务、管理制度建设等交给他，甚至将公司章、社长印章都交给他保管。宗一郎还经常开玩笑地说："六本木（宗一郎对藤泽的称呼）才比较像本田的社长，我只是挂名罢了。"

两人合作后，藤泽凭借自己的经营之道，曾多次拯救本田于危机中。1954年，本田公司遭遇了重大经营危机，先是资金链短缺，后是颇受好评的产品"佳谱号"销量骤减。其核心原因是该产品主体是轻便车架，发动机性能越好，车子整体耐久性相对就越差，因而客户纷纷索赔。而更糟糕的是，本田的新产品"理想"号发动机也出现了问题。此时的本田四面楚歌，濒临破产边缘。危急时刻，藤泽下令停止生产所有有严重缺陷的"理想"号，而宗一郎则全力以赴，攻克"理想"号的产品缺陷。二人齐心协力，在各自擅长的领域施展拳脚，相互支持却不加干涉，最终共同带领本田走出危机。

20世纪60年代末，本田公司能够成功进军美国，也离不开藤泽的果断与坚持。一直以来，"到美国去"是宗一郎与藤泽共同的愿望。1958年，本田公司的海外小组在经过一番市场调研后，建议选择欧洲和东南亚市场，并回避进入美国市场，其原因是美国摩托车市场处于衰落期，且美国人对于日本轻型摩托车的消费观念尚未建立。但藤泽认为，只有美国的消费者才是世界商品的消费者，他表示："在去别国之前，必须首先进入美国市场。"1959年，美国本田技研工业分公司创立，同时，藤泽采取多样化创新营销策略，牢牢抓住美国消费者心理。到1964年，本田公司已占据美国摩托车市场的一半江山，而这种辉煌的业绩一半归功于宗一郎对技术的执着与创新，另一半则归功于藤泽的营销才华。

本田公司的成就离不开宗一郎与藤泽二人的协同与分工，就连索尼的井深大也曾评价道："藤泽是一位使本田100%发挥才能的精明经营者，宗一郎则是100%信任藤泽才华的幸运技师。"

综上所述，宗一郎与藤泽的创业合伙人案例有几个借鉴意义。

首先，在寻找事业合伙人前，创始人应明确企业目标及自身定位。企业的一号人物只有明确企业的使命、愿景、价值观，清晰地了解到自身的优势与不足之处，才会真心实意地从实现事业的大目标出发，"三顾茅庐"，求寻人才。

其次，要基于内部价值链协同寻找合伙人。每个人都有自身的局限性，在创业过程中，创始人可考虑基于企业内部价值链的协同，寻找既能力互补，又彼此惺惺相惜的合伙人，互为补充，各扬所长。

再次，创始人的格局、胸怀与企业的基业长青息息相关。一号人物如何看待搭档二号人物在企业中的地位，是否能够容忍二号人物在某些方面超越自己，对企业稳定发展至关重要。创始人若能做到心胸宽广，用人不疑，充分授权，将有利于双方携手推动企业实现发展目标。

最后，企业的经营就是一场人才争夺战。宗一郎与藤泽的创业合伙人模式虽然不是新模式，但他们的合作却真实体现出权利共享、风险共担的特点。人才的争夺不仅体现在本田公司创立的那个时代，更体现在当前的人才资本时代，创始人可以根据企业的实际需要适时采用合伙制，明确组织关系与股份分配机制，利用好合伙制优势，帮助企业实现战略目标。

2.3　基于产业价值链条的协同

从产品经营到企业经营再到产业链经营，是企业发展的必由之路。互联网与数字化浪潮的兴起，加快了企业内部组织管理协同，也加快了企业与企业之间生产端、流通端、消费端协同的步伐，推动着各产业结构的深化调整与价值链重构。在此背景下，企业已经很难通过孤军奋战成为一方霸主，而只能借助产业链协同，整合、共享上下游资源，构建生态链势能，形成整体竞争优势。

> 股权之道：设计·激励·治理

股权，作为所有权与决策权的象征，已成为链接产业链上下游企业、构建产业生态的有效手段。在借助股权构建产业大生态的实践中，不少互联网巨头已用行动进行了完美阐释。比如阿里战略性投资"四通一达"，既加速了阿里平台电商业务的腾飞，又助力了"四通一达"成功登陆资本市场，市值一路高涨。又比如美团旗下的龙珠资本，通过参股投资喜茶、谊品生鲜、乐禾食品、肉联帮、易酒批等多个消费领域头部创业公司，不断延伸其本地生活服务能力与边界。近两年，产业投资新秀——华为旗下的哈勃投资也表现出色，在高科技领域的投资业绩引人瞩目。

华为的哈勃投资

2018年至今，中美贸易摩擦升级，宏观政策不确定性增加，国内外营商环境复杂多变。而在高科技领域，美国不仅以保障"国土安全"为由制定"实体清单"，直接阻断华为的芯片供应链，还联合欧洲一些国家共同施压华为，阻止华为入境开展业务。西方一些国家在技术、市场领域的封锁与制裁使华为腹背受敌，华为消费者业务与运营商业务面临巨大挑战。

兵临城下之际，2019年4月，华为成立了全资子公司——哈勃科技投资有限公司（简称"哈勃投资"），注册资本7亿元人民币，主营创业投资业务。随着哈勃投资项目逐渐增多，华为于2020年1月对哈勃投资增资至14亿元，又于2020年10月增资至27亿元。自哈勃投资成立开始，华为就打破任正非亲自定下的"不投供应商"的原则，频频出手布局新材料、AI和芯片产业链上下游企业，以强化国内供应链协同。根据不完全统计，截至2021年2月6日，哈勃投资累计投资28个项目，其中科学研究和技术服务业领域项目14个（占总投资项目比例达50%），制造业领域项目8个，信息传输、软件和信息技术服务业项目3个，批发和零售业项目3个，具体项目投资情况见表2-1。

表2-1 哈勃投资项目概况

序号	企业名称	融资日期	主营业务	投资比例	项目状态
1	山东天岳	2020.8.6	半导体单晶材料的研发、生产、销售	7.0%	IPO辅导
2	深思考人工智能	2019.9.18	类脑人工智能与深度学习核心技术	3.5%	
3	天科合达	2020.1	碳化硅晶片	4.8%	撤回申请
4	好达电子	2020.1.6	声表面波器件	5.7%	IPO辅导
5	庆虹电子	2020.1.19	连接器产品	32.1%	
6	鲲游光电	2020.3.23	3D光学芯片	5.7%	
7	新港海岸	2020.4.3	无晶圆半导体	8.1%	
8	灿勤科技	2020.4.29	微波介质陶瓷元器件	4.6%	已过会
9	东芯半导体	2020.5	中小容量通用型储存芯片的研发、设计与销售	4.0%	已申报
10	源杰半导体	2020.6	激光器芯片的研发、设计与销售	4.4%	
11	富烯科技	2020.6.18	石墨烯导热膜研发	10.0%	
12	东微半导体	2020.7.10	半导体器件技术和产品研发	7.0%	
13	思特威（山东天岳）	2020.8.6	CMOS图像传感器芯片	2.2%	IPO辅导
14	裕太车通	2020.8.1	以太网物理芯片	9.7%	
15	新共识（奥思网络）	2020.8.28	计算机软件及网络的技术咨询、开发、服务	4.2%	

续表

序号	企业名称	融资日期	主营业务	投资比例	项目状态
16	思瑞浦	2020.9.21	高端模拟芯片的集成电路设计	6.0%	已上市
17	中科飞测	2020.9.25	工业智能检测设备	3.3%	
18	芯视界微电子	2020.9.27	光电转换器件研发	7.7%	
19	昂瑞微电子	2020.10.28	射频前端芯片和射频SoC芯片	5.4%	
20	全芯微电子	2020.11.23	半导体装备及工艺	6.3%	
21	中蓝电子	2020.11.26	摄像头配件研发	7.6%	
22	瀚天天成	2020.11.27	碳化硅外延晶片研发	4.6%	
23	纵慧芯光	2020.12.7	光电半导体	5.2%	
24	鑫耀半导体	2020.12.11	半导体材料	23.9%	
25	杰华特微电子	2020.12.21	功率管理芯片研究	3.7%	
26	九同方微电子	2020.12.26	EDA软件研发	15.0%	
27	粒界科技	2021.1.13	实时图形视觉技术	3.3%	
28	锦艺新材	2021.1.22	高端无机非金属粉体新材料应用	5.7%	

资料来源：企查查、张通社Link数据库、证券时报，数据截至2021年2月6日

哈勃投资虽然成立时间较短，但它的投资业绩十分亮眼，除了已上市或进入上市轨道的六家企业，其他部分企业也有强烈上市预期，投资回报率相当可观。此外，哈勃投资也进行少量参股投资，助力华为与其上下游合作伙伴紧密合作，逐步构建华为5G大生态。

以灿勤科技为例，2020年12月22日上交所发布信息显示，哈

勃投资占灿勤科技发行后的股份比例为 3.44%，累计持有 1375 万股。2017 年，灿勤科技旗下拥有滤波器、低互调无源组件、天线、谐振器等多种产品。2018 年其量产的 5G 介质波导滤波器是 5G 宏基站的核心射频器件之一，截至灿勤科技向上交所递交科创板上市申请材料之时，灿勤科技是华为 5G 宏基站滤波器的第一大供应商[①]。

灿勤科技自与华为携手后，其业绩表现突飞猛进。灿勤科技招股书显示，2017 年，灿勤科技营业收入 1.2 亿元，净利润约 2800 万元。其中，华为向灿勤科技的采购额为 2000 万元，占其总收入比例为 16.8%。到 2019 年，灿勤科技营业收入已达 14 亿元，净利润约 7.2 亿元。其中，华为的采购额增长至 12.9 亿元，占其总营收的 92.1%。华为与灿勤科技基于产业价值链条，以股权为纽带，相互协同，相互成就。

通过"投资 + 产业链协同"双轮驱动，华为围绕半导体、5G 材料、软件设计、装备检测等各个环节广泛布局，在面临西方一些国家市场与技术的双重压制下，另辟蹊径，突出重围，既收获了丰厚的投资收益，也保障了自身供应链，推动了企业快速发展。

2.4　基于公司长治久安的股权逐步稀释

公司的股权结构不是一成不变的，而是动态调整的。随着公司的

[①] 杨洁. 5G 滤波器厂商灿勤科技科创板上市获受理，大客户华为已突击入股 [EB/OL].（2020-07-02）[2021-04-01]. http://www.cs.com.cn/ssgs/gsxw/202007/t20200702_6072520.html.

发展、业务的扩张或收缩、战略的调整等，公司的股权结构有可能发生较大的变化，其中引起股权变化最常见的原因是公司的股权融资行为，即通过增发股份引进投资人。

对于创业公司来说，利用公司股份置换公司发展所需的资金和资源是常见的手段。在公司不断股权融资的发展过程中，股权稀释是必然的。合理地进行股权稀释，能够实现股东和公司的双赢。对于创始人来说，股权的稀释意味着投票权比例减少，经过多轮稀释，创始人的投票权比例可能大大减少，不利于创始人对公司的实际控制，为此，有必要采取多种手段，在股权稀释的同时确保控制权的稳定，实现公司的长治久安。

福特汽车公司——双层股权制度的创始者

福特汽车公司由亨利·福特先生创立，福特汽车公司发明的 T 型车和大规模流水线装配技术，引发了世界汽车工业革命，深刻地影响了世界现代化的进程，以至于亨利·福特被称为"给世界装上轮子的人"。福特汽车公司至今仍是世界最大的汽车生产商之一。

1893 年，亨利·福特制造出了他的第一辆"汽车"，在当时的底特律市长梅伯里的帮助下，亨利·福特创建了底特律汽车公司，并且拿到了两轮融资，投资人中有制造商、种子公司老板、美国参议员等社会名流，但是一年后公司就解散了。

但梅伯里对亨利·福特依然有信心，他牵头购买了底特律汽车公司破产清算后的资产，又找来几个股东组建了一家新公司，共投资 6 万美元。亨利·福特获得了总价值约为 1 万美元、占总股本 1/6 的股份。第三次引入投资者后，公司以他的名字命名——亨利·福特公司。在这家公司里，除了机械技术方面，亨利·福特无任何发言权，矛盾很快爆发了，福特因此离开了公司，仅带走 900 美元现金和自己名字的使用权。

在创业上遭到重大挫折的福特，在别人的资助下制造出一辆名为 999 的赛车，这辆赛车在一次生产商挑战杯中打破了美国纪录，让亨利·福特赚足了名声。有了名声的基础，福特决定要实现他为大众造车的想法。

1903 年，底特律最大的煤炭商人马尔科姆森决定和福特合作，本着"有钱出钱、有力出力，利益均分"的原则，两人成立了"福特和马尔科姆森公司"，后来更名为"福特汽车公司"，福特和马尔科姆森各占 25.5% 的股份，是公司的共同控制人，其余的股份属于一些分散的小投资者。

1906 年，亨利·福特以 17.5 万美元的价格买下了马尔科姆森 255 份股票，加上收购其他小股东的股份，福特所持股份上升至 58.55%，成为公司第一大股东。1919 年，福特假意辞去公司总裁职务，引起股东恐慌，福特借此机会收回了公司多数的股票。经过两次重大的股权变化，福特汽车公司的股权结构从创立之初的有 12 名股东、福特本人持股 25.5% 的朋友合伙式企业，变成了福特本人持股 58.5%、儿子爱德赛持股 41.5% 的家族企业。

或许是因为控制权之争曾带来巨大的痛苦，亨利·福特创立了一种特殊的机制，即双层股权制度。他把公司股票拆分成无投票权的普通股和拥有完全投票权的 B 类股，而且 B 类股只有福特家族成员才可以持有。他规定："只要福特家族持有的 B 类股股数大于 6070 万股，该家族在公司的投票权就占 40%，其余股东不管持有多少股份，只能拥有 60% 的投票权。"此外，福特家族有一个重要的约定，B 类股的出售对象首先考虑家族成员，因为一旦 B 类股出售给非家族成员，便会自动转化为普通股，将 B 类股出售给家族成员则可以避免控制权的稀释。

由于美国征收高额的遗产税，许多家族为避税都设立了家族基金和家族信托，福特家族也不例外。早在 1936 年，他和爱德塞就创立了福特基金会，打算将 A 类股注入基金会，B 类股由家族成员共同持有。福特基金会成立时资金只有 2.5 万美元，但是随着爱德塞和亨利相继去世，他们所持有的福特股份大部分注入了基金会，基金会变得越来越强大。福特汽车上市之前，其 88% 的股份由基金会持有，2% 的股份控制在公司董事、管理层、雇员手中，剩下的 10% 留给了福特家族，但这 10% 的股份仍拥有公司 100% 的决策权。

20 世纪 50 年代初，美国立法规定家族基金会不能持股过于集中，于是在爱德塞之子亨利二世的提议下，家族决定让福特汽车上市，并以 6.43 亿美元的价格出售其所持 20% 的股份，这是当时华尔街有史以来最大的一笔普通股交易。1956 年福特汽车上市后，福特家族的股份得到稀释。自上市以来，股票经过 6 次稀释，至 2011 年福特家族持有的股份不到 2%。

自福特汽车上市之后，福特家族一直通过手中有超级表决权的 B

类股票有效地控制着福特汽车公司，他们因手中的这类股票而享有40%的公司普通股表决权。双层股权结构的做法如此有效，以至于后来股神巴菲特的伯克希尔·哈撒韦、联合包裹公司（UPS）、华盛顿邮报、谷歌及Facebook等公司都采用类似方法维持控制权。

2.5 打造基于同创共享精神的利益和事业共同体

合伙制的雏形最早出现于古罗马时期，随着时间的推移而被不断赋予新内涵。目前时兴的"事业合伙人制度"的本质是以人力资本为纽带，打破职业经理人仅为雇佣者的局限，以"共识，共担，共创，共享"八字诀为合伙理念，重构组织，促进货币资本与人力资本相互协同。事业合伙人机制不仅是一种激励手段，还是基于同创共享精神的企业战略动力机制，以及企业与人才共同成长的长效机制，因而，事业合伙人机制的设计涉及战略创新、公司治理结构优化、组织关系重构与人才生态建设。

近十年来，谷歌、Facebook、百度、京东等越来越多的高科技公司选择同股不同权的双层股权架构。此类互联网创业团队把控公司控制权的案例屡见不鲜，在资本市场上频繁演绎着互联网时代"劳动雇佣资本"的神话。合伙制与双重股权架构既有所区别，又具备一定相似之处。借助合伙制，阿里巴巴集团控股有限公司（简称"阿里"）完成了创业团队与外部投资者之间长期合伙合约对短期雇佣制的替代，强化并巩固了创始人及管理层对公司的控制。

阿里合伙制

2019 年 11 月 20 日，阿里发布公告[①]，将于 2019 年 11 月 26 日在香港联交所主板以股票代号 9988 开始交易，发行价格为每股 176 港元，合计发售 75 000 000 股股票，共募集资金总额约 880 亿港元。

2014 年 9 月 19 日，阿里于美国纽约证券交易所上市，根据当时的招股说明书，其第一大股东软银和第二大股东雅虎分别持股 31.8% 和 15.3%，而阿里管理层团队合计持股仅 13%。在联交所重新上市后，2020 年年报显示，阿里的第一大股东依然是软银，持有阿里 24.9% 的股份，远高于阿里全体董事和高级管理人员合计持有的 7.4% 的股份。

其招股说明书显示，阿里自 2010 年起便开始实施合伙制，因其创建于湖畔花园，故阿里合伙制又被称为"湖畔花园合伙制"，其初衷在于延续阿里的使命、愿景和价值观。截至招股书发布之日，阿里共有 38 名合伙人，合伙人数量随新合伙人的当选与现有合伙人的退出而持续变动。阿里的合伙制既与双重股权架构有相似之处，又有所区别，而两者共同的、最直接又最现实的作用是强化并巩固创始人及管理层对公司的控制。通过创新型的合伙制设计，公司创始人与人力资本具有比货币资本更大的经营决策权。参考阿里 2019 年招股说明书对其合伙制进行梳理，发现其有以下特点。

[①] 阿里巴巴集团控股有限公司. 阿里巴巴集团宣布全球发售定价 [EB/OL].（2019-11-20）[2021-03-06]. https://www.alibabagroup.com/cn/news/article?news=p191120.

1. 合伙人的提名与选举

每年合伙人可以提名、选举新合伙人候选人，至少需要 75% 的全体合伙人批准后候选人才能当选合伙人。同时，候选人需要满足以下条件才能满足获授合伙人的资格与条件：

（1）拥有正直、诚信等高尚的品格。

（2）在阿里或其关联公司工作 5 年以上。

（3）对阿里业务发展有积极的贡献。

（4）作为文化继承者，显示出持续致力于实现阿里的使命、愿景和价值观，以及与之一致的特征和行为。

在成为合伙人后，合伙人被要求任期前 3 年持股总数不能低于任职日所持股票的 60%，3 年后则不得低于 40%。

2. 合伙人等级

阿里合伙人分为普通合伙人、永久合伙人和荣誉合伙人。只有永久合伙人将一直作为合伙人直到其自己选择退休、死亡、丧失行为能力或被选举除名。目前阿里的永久合伙人只有马云、蔡崇信。永久合伙人可以由选举产生，也可以由退休的永久合伙人或在职的永久合伙人指定。

此外，退休的合伙人还可以被选为荣誉合伙人，荣誉合伙人无法行使合伙人权利，但是能够得到奖金池的一部分分配。永久合伙人如果不再是阿里的职员，则无法得到奖金池的奖金分配，除非他仍然是荣誉合伙人。

3. 合伙人委员会的构成与职能

合伙人委员会是阿里合伙人架构中最核心的部门，由不少于 5 名合伙人组成，任期 3 年，可连选连任。当前合伙人委员会成员包括马云、蔡崇信、张勇、彭蕾、井贤栋、王坚，其核心职能为：

（1）审核新合伙人的提名并安排其选举事宜。

（2）提议和执行阿里高管年度奖金池分配。阿里合伙人委员会可以向董事会的薪酬委员会提议高管的年度奖金池分配，并在董事会表决后，在董事会的薪酬委员会同意下给公司管理人员和合伙人分配奖金。

4. 董事提名与委任权

根据阿里的章程，阿里合伙人拥有提名（或在有限情况下委任）董事会成员的专属权利。阿里合伙人提名的董事人选，必须在年度股东大会上得到超过投票股东所持表决权的 1/2 同意才能当选。如果阿里合伙人提名的董事人选未获得股东选举，或在当选后因故离任董事，阿里合伙人有权委任另一人担任临时董事，直至下一届年度股东大会召开为止。

此外，在任何时间，不论因何原因，若由阿里合伙人提名的当选董事人数不足董事会总人数的 50%，阿里合伙人有权提名不足的董事会成员，以保证董事会成员中多数是由合伙人提名的。截至招股书发布之日，阿里董事会由 11 名董事组成，其中 5 名董事由阿里合伙人提名，根据简单多数原则，合伙人有权额外提名 2 名董事，使董事会成员总数增加至 13 名。

阿里曾与软银、雅虎签订投票协议，软银和雅虎同意在每年股东大会上投票赞成阿里合伙人提名的董事候选人。而软银在持股比例达到15%以上的情况下，拥有一名董事提名权，成为董事会观察员。

5. 奖金分配权

合伙人的收入由两部分构成，一部分是阿里管理层的岗位薪酬，另一部分是作为合伙人的分红收入。阿里设立合伙人奖金池，董事会根据薪酬委员会建议，将公司累计留存收益按照与股东事先约定的比例注入奖金池。每年年终，合伙人委员会按照每位合伙人对阿里文化、价值观、使命的贡献程度决定对合伙人按比例分红。

合伙人的分红排在非合伙人的管理层之后，这一制度将所有合伙人团队成员与股东的利益紧紧捆绑，共同成为阿里的剩余利润索取者和最终责任人，共同承担阿里未来的经营风险。

6. 合伙人退出

阿里的合伙人符合以下某一情形的，就丧失了合伙人的资格：

（1）除了永久合伙人，所有合伙人在年满60岁时，或使其有资格担任合伙人的聘佣关系终止时。

（2）马云和蔡崇信为永久合伙人，可持续担任合伙人直至年满70周岁（这一年龄限制可由多数合伙人表决延长）或退休、死亡、丧失行为能力、被免去合伙人职位时。

任何合伙人，如果违反合伙协议中规定的标准，或存在欺诈、严重不当行为或重大过失，可经合伙人会议达50%以上投票同意时予以除名。

达到一定年龄和服务年限后，退休合伙人可由合伙人委员会指定为荣誉退休合伙人，获得年度现金延付奖金作为退休后奖金。永久合伙人如果不再是阿里员工，即使仍然担任合伙人，也不再有资格获得年度现金奖金分配，但如果其获选为荣誉退休合伙人，仍可继续获得延付奖金分配。

7. 限制性条款

根据公司章程，阿里合伙人不得将其董事提名权转让，或以其他方式授权给任何第三方，但可以选择不全面行使董事提名权。若要修改章程中关于合伙人提名权和相关条款，必须通过股东大会上95%的到场股东或委托投票股东的同意。

总而言之，随着人类社会从原来"资本雇佣劳动"主导演进到"资本雇佣劳动"和"劳动雇佣资本"并重，甚至"劳动雇佣资本"占据主导，控制权从倾向于对物质资本的控制逐渐向对人力资本的控制倾斜。正如马云所述，未来的竞争是合伙制的竞争。阿里的合伙制通过一系列保障控股权的条款设计，以及对未来利润分配的特殊安排，将马云创业团队与股东之间的雇佣关系转变为风险共担的长期合伙人，由此鼓励了创业团队在充满不确定性的业务发展中积极进行人力资本投资，并促使创始团队与股东形成基于同创共享的利益与事业共同体，携手为阿里的愿景而共同奋斗。

2.6 心法：股权设计的基本原理

股权设计的本质是根据企业发展战略，合理设置股权架构，实现股权资源的优化配置,保障企业长治久安,实现企业价值最大化。

在企业发展的不同阶段,股权的设计均有不同的"术",但终究需要回归到股权设计的"道",即以实现企业价值最大化为中心,以保持控制权稳定、控制权与收益权相平衡、动态配置股权资源为三个基本点,如图 2-1 所示。

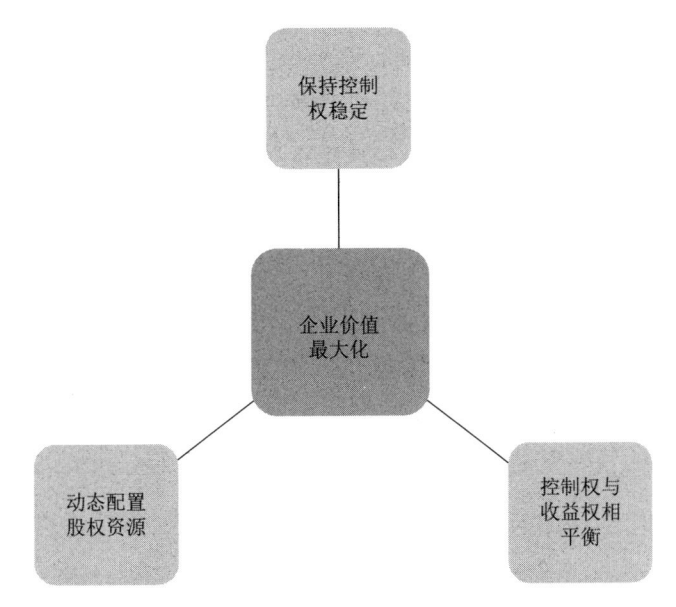

图 2-1 股权设计的一个中心与三个基本点

2.6.1 保持控制权稳定

企业控制权的稳定对于企业的长久发展来说至关重要,尤其在创业初期,创始人作为企业的灵魂人物,要牢牢掌握企业的控制权,充分发挥压舱石和"领头羊"的作用,坚定信念,带领团队勇往直前。此外,保持控制权稳定,还能有效避免股东之间对控制权的争夺。历史上,合伙人反目成仇、创始人被赶出公司,抑或公司被外部资本

"绑架"等股权纷争屡见不鲜，最终的结局常常是两败俱伤，过度的内耗也导致企业错过黄金发展期，甚至被对手超越，被时代抛弃。

以真功夫的股权之争为例。故事要追溯到1990年，潘宇海最初在东莞开设了一家甜品店。1994年，潘宇海的姐姐潘敏峰、姐夫蔡达标加入，三人联合创立了"真功夫"品牌，当时的股份比例是潘宇海持有公司50%的股份，蔡达标持有25%的股份，潘敏峰持有25%的股份，并且在后续的12年里，这样的股份比例未发生过变动，而真功夫也成为中式快餐行业中首家突破直营店百家大关的企业。2006年是真功夫发展的拐点，当年，潘敏峰与蔡达标的婚姻走到了尽头，双方约定将潘敏峰持有的25%的股份转让给蔡达标。至此，潘宇海与蔡达标在真功夫的持股比例各为50%，而这样的联合创始人平分股份的模式，也为后续的股权争夺战埋下了隐患。2007年，真功夫发展如火如荼，在蔡达标的领导下，真功夫逐步引入资本，并开始寻找上市机会。但随后的几年里，主张去家族化改革的蔡达标与仍想保持传统家族治理的潘宇海矛盾越演越烈。蔡达标意图实现对公司的实际控制，而潘宇海也于2009年7月向法院起诉主张股东知情权，并于2010年9月向公安部门举报蔡达标涉嫌经济犯罪。最终，蔡达标在2014年6月因职务侵占罪、挪用资金罪被判刑14年。曾经辉煌的中式连锁快餐龙头企业，因蔡潘两人的股权争夺战而内耗严重，也错失了千载难逢的最佳发展窗口，被淹没在时代的浪潮中，不禁令人唏嘘。

究其根本，真功夫的股权之战始于两位联合创始人的股份均分，当公司没有绝对控制人时，一旦两位联合创始人意见不合、利益不合，便形成难以破解的僵局，严重影响公司的正常经营。而矛盾的爆发由不同发展阶段股份分配与贡献程度不一致所致。创业初始阶段，厨师出身的潘宇海对公司的餐饮口味与标准化贡献较大，但当公司规模越来越大，蔡达标的市场拓展及资源聚集能力便对公司的发展起到重大作用，对公司的价值贡献也日益增多。自蔡达标取得潘敏峰的股份后，两人均分股份的情况就没有变动，股份分配与贡献程度的不一致，导致势均力敌的双方最终为争夺控制权闹得不可开交。

因此，保持控制权稳定对于企业发展的各个阶段都至关重要，若在联合创始人之间、创始人与职业经理人之间，或者创始团队与外部投资者之间爆发股权争夺战，不仅争执方会两败俱伤，对企业的发展也会造成不可逆的伤害。

2.6.2　控制权与收益权相平衡

股权的背后往往包含着股东拥有的两项权力：一是参与企业经营管理决策的控制权，二是对于企业剩余利润的追索权，即所谓的收益权。对于不同类型的企业而言，股权设计实质上就是将控制权与收益权在企业内部与外部利益相关者之间进行再分配。若控制权与收益权分配不当，各方利益失衡，由此引发的股权纠纷、股权争夺战将一触即发，后果不堪设想。

基于在股权设计、公司治理领域的经验，我原创设计出"控制权与收益权关系四象限"，如图2-2所示。横轴代表控制权强弱程度，从左到右控制权逐渐增强，纵轴代表收益权强弱程度，由下至上收益权逐渐增强。由此划分出的四大象限分别对应着不同的控制权与收益权组合，每类组合又可以对应到现实企业中不同的股东情况。

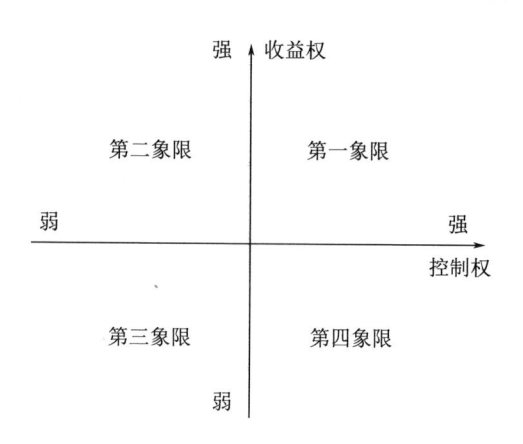

```
              强 ↑ 收益权
                 |
      第二象限   |   第一象限
                 |
  弱 ────────────┼──────────── 强
                 |           控制权
      第三象限   |   第四象限
                 |
              弱 ↓
```

图 2-2　控制权与收益权关系四象限

第一象限，代表控制权强、收益权也强的一类组合，常见于家族企业，股权高度集中，创始人或继承人绝对控股，且收益权基本与持股比例相对应，因而也被称为"家族大股东"象限。

第二象限，代表收益权强、控制权弱的一类组合，常见于有限合伙制基金，其中，有限合伙人不参与有限合伙制基金的日常运作，仅以其出资额为限对合伙企业的债务承担清偿责任。但按照合伙协议规定，有限合伙人享有基金退出后所获得的大部分收益，因而该象限也被称为"有限合伙人"象限。另外，此类关系也常见于新兴互联网上市公司中的 A/B 股架构，两类股票的差异点在于投票权上，A 类股票为同股同权，即 1 股对应 1 票投票权，外部投资人通常持有 A 类股票，部分大型投资机构持有 A 类股票的比例甚至高于创始人或实际控制人，因而也获得更高的收益。B 类股票在第四象限中介绍。

第三象限，代表控制权弱、收益权也弱的一类组合，代表的是非

A/B 股架构下各类企业中的小股东，包括合伙人、高管（持股）、员工（股权激励）、个人股东、机构小股东等持股比例较低的一类股东，通常他们获得的收益与持股比例相对应。因而该象限也被称为"普通小股东"象限。

第四象限，代表控制权强、收益权弱的一类组合，其与第二象限中的 A/B 股架构相反，即互联网企业创始人常常持有 B 类股票，其投票权通常为 A 类股票的数倍。比如京东创始人刘强东持有的 1 股 B 类股票对应 20 股 A 类股票的投票权。由此，创始人既牢牢把控了企业的控制权，又通过让渡收益权获取了更多资本支持，因而该象限也被称为"新兴创业者"象限。

总而言之，通过控制权与收益权关系四象限图，基本可以给不同类型的股东做不同的定位，并由此满足各类股东对于企业控制权与收益权的差异化诉求。

创始人在企业发展的全生命周期中，若能够均衡各方利益与诉求，从人性的角度设计与优化股权结构，将能够有效避免跌入股权陷阱，为企业长久稳定发展奠定坚实的基础。

2.6.3 动态配置股权资源

股权是企业最宝贵的战略资源。一方面，股权在数量上是有限的；另一方面，股权的价值随着企业的发展而呈复合增长。在一定意义上，企业价值成长的过程也就是创始人基于企业战略实现价值最大化这一目标，以股权作为资源，以股权稀释为代价，吸引并整合各方力量的过程。此外，企业的成长是循序渐进、不断变化的，因而股权的配置也应是一套动态调整、不断优化的流动机制，既要满足当前发展的需求，又要为未来的成长预留变动空间。

资本市场成熟的企业通常具有这几类股东：创始人、创始团队、合伙人、管理团队、核心员工、投资机构、公众股东等，其持股方式如图 2-3 所示。动态股权配置的核心，就在于根据企业的战略目标，以终为始地动态设计股权架构，即在各个发展阶段踩准时点，以权、责、利相统一为原则，将股权在不同类型的股东之间进行合理配置。

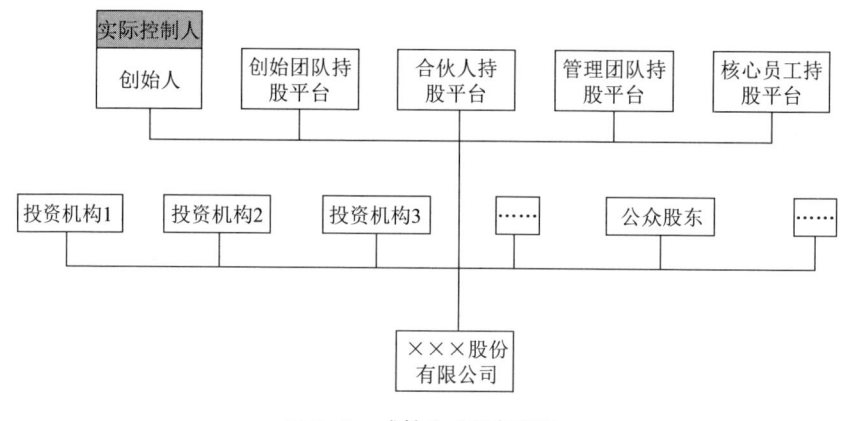

图 2-3 成熟企业股权架构

2014 年是中国电商上市的狂热年，阿里与京东相继登陆资本市场。京东自成立以来，一直以资本换取发展时间与空间，以"烧钱"模式自建物流体系，类似于早年的亚马逊，长期处于亏损状态。随着公司的规模越来越大，所需的资金量也成倍增长。创始人刘强东深谙股权的价值，以股权为战略资源，吸引外部投资者加入，助力京东在电商争霸的战场上一路狂奔。据统计，自 2007 年 3 月以来，京东共计进行过 9 次私募融资，先后引进今日资本、环球老虎基金、DST 全球基金、红杉资本、沙特王国投资公司等顶级PE（私募股权）投资机构。与之相对应，刘强东的股份逐步被稀释，招股书显示，IPO（首次公开募股）前他通过两家控股公司Max Smart Limited和Fortune Rising Holdings Limited共持有京东23.67%的股份，为第一大股东，第二大股东是环球老虎基金，持有京东22.1%的股份，五家主要PE机构合计的持股比例已达65.6%。虽然随着京东的发展，创始人刘强东的持股比例不断被稀释，但其通过A/B股架构牢牢把控京东86.13%的投票权。

股权结构在企业发展的生命周期中并不是一成不变的，而是需要根据企业的战略目标、发展节奏，逐步进行动态调整，以有限的股权资源换取企业成长所需的人力、财力、物力等各类资源，致力于实现企业价值最大化。因而，企业创立之初，股权的设计就应以终为始逐步构建，避免控制权不稳定，或过早给予团队大比例股权激励，或过早引入外部投资人，或创始人稀释过量股权等影响企业长久发展的情况，防患于未然。

不同类型企业股权设计的"道"，是以实现企业价值最大化为中心，以保持控制权稳定、控制权与收益权相平衡、动态配置股权资源为三个基本点。

第3章
不同类型企业的股权设计

搭建一套基于"价值创造、价值评价、价值分配"循环的股权分配机制,是不同类型企业股权设计的核心目标。

3.1 兄弟企业的股权设计

人们常说:"打虎亲兄弟,上阵父子兵。"兄弟创业在我国的商场上屡见不鲜,其中为人们熟知的有国美黄俊钦、黄光裕兄弟,新希望的刘氏兄弟,苏宁的张桂平、张近东兄弟,华谊王中军、王中磊兄弟等。

3.1.1 希望集团

新希望集团和东方希望集团的前身是希望饲料集团,由刘氏四兄弟创立,在四兄弟的带领下,希望饲料成为当时国内最大的农业集团之一。至于四兄弟为何会分家,据刘永好在第十八届亚布力论坛上透露,在创业之初,他们对公司股权设计、公司治理都不是很懂,很多事情没有考虑得那么多,没想得那么明白。创立希望饲料的时候,四兄弟的股份是一样多的,每人25%,兄弟之间从来也没有计较过股份的事情,每个人都是一把手,老大刘永言是主席,老二刘永行是董事长,老三刘永美(陈育新)是总经理,老四刘永好是总裁,究竟哪个大，谁管谁，大家都说不清楚，也没有计较过。四兄弟齐心协力，靠着改革开放的政策，乘着国家经济发展的东风，迅速将企业做大。

这样的股权设计，在企业创立之初自然没问题，但是当企业做大了之后，一些矛盾便暴露出来。四兄弟在一些问题上的想法不可能完全一致，这时候谁说了算，听谁的，都是问题。据刘永好介绍，在1995年的时候，他们四兄弟一块儿开了次会，讨论公司未来的发展问题。老大喜欢电子高科技，想在这一领域多做些投资；老三喜欢蔬菜水果，想在育种方面多做些投资；老二说饲料产业那么好，想要继续在饲料领域多做布局。既然兄弟几人对公司的发展方向都有想法，索性分家各自单干，四兄弟用了一个晚上就签好了协议，各走各的路。

四兄弟通过明晰产权，进行了资产重组，希望饲料一分为四，四兄弟分别成立了大陆希望、东方希望、华西希望、南方希望（新希望）四家集团公司。在四兄弟各自奋斗之下，刘氏家族成为中国最富有的家族之一，是中国民营企业家的典型代表。

3.1.2 苏宁

提起苏宁，人们就会想起张近东，但很少有人知道苏宁其实是由张近东的哥哥张桂平创立的。在张桂平19岁的时候，母亲去世了，之后不久父亲也去世了，张桂平不得不担负起照顾弟弟妹妹的责任。1987年，市场上家电三大件——电视机、冰箱、空调比较火爆，张桂平看准商机，辞去公职，拉上了比自己小12岁的弟弟张近东一起做起了空调销售生意。1990年，兄弟俩在南京宁海路开了一家200平方米的小店，名叫"苏宁交家电"，这就是苏宁电器的前身。凭借着专业化的服务和创新理念，苏宁电器迅速崛起，成为全国最大的空调经销商之一。然而，在1999年，兄弟二人突然分家，弟弟张近东专注在家电零售业，哥哥张桂平则自立门户，成立苏宁环球，进军房地产市场。

关于为何分家的问题，张氏兄弟一直讳莫如深，外界猜测可能和兄弟俩的专业兴趣有关。张桂平毕业于东南大学建筑系，张近东毕业于南京师范大学中文系。张桂平喜欢地产建筑，最初做家电零售只是为了赚钱养家，待创业有成之后自然选择去实现自己的梦想。现在张近东的苏宁控股集团和张桂平的苏宁环球集团在股权上没有关联，是两家独立的集团公司，只是共用"苏宁"这个名号。张近东和张桂平兄弟一人做零售，一人做地产，缔造了中国民营企业的奇迹。虽然自2020年年底，张近东的苏宁控股遭遇了严重的流动性危机，但是不可否认其曾经的辉煌。与之相比，哥哥张桂平的苏宁环球则发展稳健，这在一定程度上证明了当初兄弟二人分家之举的必要性。

3.1.3 启示

亲兄弟之间有着基于血缘关系的信任基础，这种信任在创业早期对公司的发展十分重要。在创业早期，兄弟同心同力不计得失，为家族共同的事业奋斗，给公司的发展提供了正向的助力。但是在创业有所成就之后，对利益分配、发展方向的不同想法所引发的矛盾往往会逐渐暴露，而合理的股权设计便是一堵很好的防火墙。

1. 一定要及时明晰股权，亲兄弟明算账

兄弟之间往往碍于面子，不好意思提及股权分配，或者说根本没有股权的概念，而且在创业之初，公司没有什么资产，业务也比较简单，股权及其所代表的表决权、分红权更多只是停留在纸面上，没有落到实处。等到公司小有所成，业务、财务、管理等方面的问题便会暴露出来，此时如果没有清晰的股权结构的制约，公司便会陷入动荡之中。

2. 根据能力贡献分配股权，股权平分不可取

在创业之初，兄弟几乎只有一腔热血，股权平分符合传统的大同思想，有助于兄弟之间的团结。随着公司的发展，兄弟的能力高低便会显现出来，对公司的贡献也有高有低。如果兄弟心胸宽广、明事理倒还好，遇到不明事理斤斤计较的，彼此之间难免会心生嫌隙，轻则公司发展受阻，重则兄弟反目，公司分崩离析。

3.2 夫妻企业的股权设计

夫妻合作创业是很多初创民营企业广泛采用的模式，而夫妻企业也在我国市场经济发展过程中扮演了十分重要的角色。创业初期，夫妻二人基于相互信任、相互扶持，成为紧密绑定的命运共同体。同时，早期企业通常资金短缺、亏多盈少，夫妻之间不会过于计较个人得失，彼此合作，不仅可以节省早期人力成本与管理费用，还有利于促进经营决策的高效沟通与执行。

随着企业发展至中后期，财富逐渐积累，作坊式夫妻店的种种弊端也逐渐显露。若夫妻间出现分歧，彼此无法说服对方，董事与其他股东因缺乏控制权也难以发挥作用，企业的经营决策将无法有效执行，若再有婚变，股权与夫妻财产必然面临分割或调整，严重损害企业发展与其他股东权益。土豆网、当当网的案例即是大股东婚变的典型案例。

3.2.1 当当网

1999年，看到亚马逊在美国高速发展，李国庆敏锐地觉察到电商在中国的机会，于是同俞渝共同创立了北京当当网络信息技术有限公司（简称当当网）。

2010年12月8日，当当网正式登陆纽交所，上市当天市值超过23亿美元，成为"中国电商第一股"，李国庆、俞渝夫妇身家超过10亿美元。原有股东减持后，当当网创始人、联合总裁李国庆持有当当网32.37%的股份，联合总裁俞渝持股4.72%。此时，虽然两人共同持有的股份未过半数，但李国庆仍然是公司的第一大股东与实控人。

2014年，在外部，京东和阿里先后上市，电商之争日趋激烈；在内部，两位联合总裁在战略、经营、人事、财务等方面分歧不断。于是经夫妻协商决定由俞渝来掌舵原有当当网老业务，而李国庆则带着一支300人的队伍去开拓当当新业务，即自出版、实体书店、电子书、百货自有品牌、文创等，夫妻俩各分管一摊，互不干涉。

2016年9月21日，当当网宣布其私有化交割全部完成并从纽交所退市，夫妻合计持有超过93%的股份，双方各持股一半，由此埋下公司没人能一锤定音的隐患，但夫妻双方感情尚未破裂，公司重大事项仍可通过互相协调来解决，未对公司运营造成重大影响。

第一部分　股权设计

2017年，当当网从境外股市退出后，俞渝、李国庆各将名下股份的一半转让给其子，转让完毕后，其子所占股份超过40%并成为第一大股东。

2018年1月，海航拟收购当当网，要求收购标的内不能有国外股东，由于李国庆与俞渝的儿子是美国国籍，俞渝就作为显名股东代持儿子的全部股份，其子成为隐名股东。至此，李国庆持有北京当当科文电子商务有限公司27.51%的股份，俞渝持股64.20%，拥有原先二人92%股份的近3/4，成为公司大股东与实控人，剩下约8%的股份为公司小股东持有。

为了促成海航收购当当网，俞渝督促李国庆，让其放弃公司管理权，上交新当当团队和全部业务，但仍保留其股东权利，保留司机秘书，保留工资待遇。2018年8月，俞渝注册成立天津当当科文电子商务有限公司（以下简称天津当当科文）并担任法人，北京当当科文电子商务有限公司对其持股100%，再由天津当当科文持有当当网100%的股份。创始人李国庆在当当网失去控制与管理权，夫妻关系也岌岌可危。当当网的股权架构如图3-1所示。

2019年2月20日，李国庆正式宣布离开当当网，投入区块链行业重新创业。由于种种原因，俞渝与李国庆的矛盾爆发，夫妻婚姻破裂。俞渝要求李国庆接受25%的股份后和平离婚，而李国庆已向法院递交起诉状和离婚申请，要求平分股份，平分后当当网的管理权将由全体股东决议。2022年4月20日，案件仍在审理中。

```
┌──────┐  ┌──────┐  ┌──────────┐  ┌──────────┐  ┌──────────┐
│ 俞渝 │  │李国庆│  │ 天津骞程  │  │ 天津微量  │  │上海宜修企│
│      │  │      │  │(有限合伙) │  │(有限合伙) │  │业管理中心│
└──────┘  └──────┘  └──────────┘  └──────────┘  └──────────┘
  64.20%    27.51%      4.40%         3.61%         0.28%
                    ┌──────────────────┐
                    │北京当当科文电子商务│
                    │     有限公司      │
                    └──────────────────┘
                             │ 100%
                    ┌──────────────────┐
                    │天津当当科文电子商务│
                    │     有限公司      │
                    └──────────────────┘
                             │ 100%
                    ┌──────────────────┐
                    │北京当当网信息技术 │
                    │     有限公司      │
                    └──────────────────┘
```

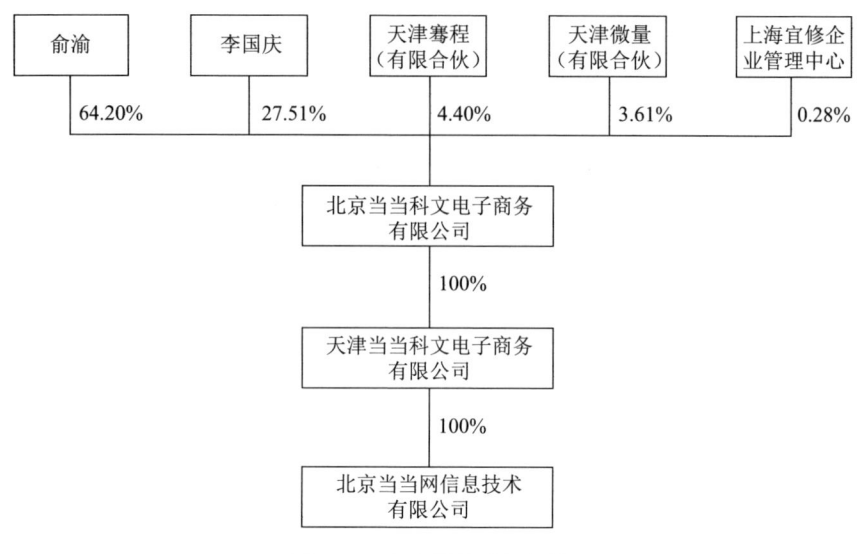

图 3-1　当当网的股权架构

资料来源：企查查

3.2.2　后续影响

当当网创始人之间的股权争夺战不仅耗费当事人精力，还对当当网的运营与发展造成一定影响。

1. 潜在资方敬而远之

企业家的婚姻比普通人隐含着更大的风险，企业"江山"是否稳固很大程度上取决于婚姻关系的稳定性。历史上有不少知名夫妻创业企业因股权纠纷而损害自身与其他股东权益，甚至危及企业的发展。基于前车之鉴，许多投资机构认为夫妻企业潜在风险多，因而对于投资夫妻创业企业十分慎重。从经营角度看，夫妻企业内部流程往往缺乏规范性与透明性，决策用人常感情用事，容易造成任人唯亲和赏罚不公。一旦夫妻间矛盾日积月累导致婚姻破裂，《中华人民共和国民法典》对婚后夫妻共同财产均分的规定可能迫使创始人支付巨额"分手费",甚至失去企业控制权。因此,许多投资机构对夫妻创业企业股权架构、经营权与控制权设置等问题有很多顾虑与担忧,投资决策也更为谨慎。

2. 企业决策群龙无首

如果法院支持李国庆的请求,则要平分二人持有的当当网股份。按照股份比例与投票权相一致的规定,分割股份后李国庆与俞渝拥有当当网同等决策权力。一山有二虎,一位是公司创始人,另一位是公司董事长兼总经理,又回到二人股权相当的时点,管理层应该听谁的决策?当当网应该何去何从?

3. 军心受挫,士气涣散

自俞渝和李国庆的矛盾爆发以来,公司中原本的6位副总经理已离开了5位。在第6年董事会改组时,公司更换了3名董事。在夫妻企业中,有些夫妻为争夺企业的管理权,常常会去争取公司高管对自己个人的支持,公司高管被迫选边站队。团队内部人心惶惶、士气涣散,担心因股东权利斗争自己受到殃及。"君子不立于危墙之下",有些人会选择离开。

4. 声誉业绩双双受损

创始人的形象常常与企业品牌互为背书、互为名片,一荣俱荣、一损俱损。当当网是国内较具影响力的垂直电商平台品牌,创业夫妻意见不和、离婚诉讼等一系列"争斗"不仅消磨了彼此精力,还引起了社会广泛议论,损害了当当网的品牌价值,进而影响了经营业绩增长。

3.3 同学企业的股权设计

除了兄弟、配偶，同学也是人们在创业时经常选择的搭档伙伴。国外的谷歌、Facebook 等互联网巨头，国内的腾讯、美团、饿了么等新经济典型都是同学创业的知名案例。同学相互间知根知底，有着共同的生活经历，对人品、能力都有详细的了解，共同的经历使得同学更愿意为了共同的理想目标去努力奋斗。同学创业虽然充满了浪漫主义的色彩，但是也夹杂了些许无奈甚至幻灭，需要妥善处理。在这一点上，新东方无疑是一个典型的案例。

3.3.1 新东方

新东方是国内第一家在美股上市的教育集团，也一度是国内市值最大的教育培训公司之一，其创始人俞敏洪从一个默默无闻的农村青年一度成为广为人知的极富有的老师，其余的两个创始人徐小平和王强，也一跃成为财富新贵，他们的故事在 2013 年被搬到大银幕上。新东方成功的背后并非一帆风顺，中间也多次面临至暗时刻，2000 年的那次尤甚，创始团队差点就要"分行李"散伙，最终通过合理的股权设计与激励，较为妥善地处理了危机，新东方也因此转危为安。

1991 年，28 岁的俞敏洪从北京大学辞职下海，先是开办英语培训班，1993 年正式成立新东方学校，并逐步在全国扩张。刚起步时，新东方的员工都是俞敏洪的亲属或朋友，外界戏称新东方的员工是"三老"——老妈、老乡、老同学，公司的管理是很松散且很不规范的，没有现代的企业管理制度。俞敏洪意识到了这一问题，1995年，他飞到美国邀请了大学同班同学徐小平和王强入伙。在俞敏洪激情与梦想的感召下，徐小平和王强毅然放弃了北美的生活，回国加入了新东方，新东方早期的三驾马车正式形成。这是一个能力互补的团队，在领导力和处理政商关系上，俞敏洪比徐、王二人强；在英语能力和西方生活经验上，徐、王比俞敏洪要强。在团队刚组建的时候，大家的想法很单纯，每人各管一块，赚了钱大家基本均分，分配比例是34%、33%、33%。在这种合伙制下，各路能人纷纷加盟新东方，"分封割据、各种各收"，有的人把持了托福和GRE，有的人把持了雅思和GMAT，有的人把持了口语和会话，有的人把持了写作，有的人把持了留学咨询，各路"诸侯"在自己的领地上经营和创收，共同支撑了新东方早期的大规模扩张和飞速发展。

这种局面到2000年的时候就难以为继了，主要有两个原因，一是"领地"有肥有瘦，比如托福班的需求量大、招生多，大家都想办托福班，而原来的"领主"却不想让别人来染指，进而产生利益纷争；二是在这种"分封"体制下，每个"诸侯"只想着自己的利益最大化，而逐渐忽视新东方整体的利益和信誉，品牌的滥用和搭便车使得新东方逐渐失控。围绕这些问题，新东方内部展开了无休止的争论，后来争论演变成指责，利益纠纷也上升到人品和道德上的攻击，最终形成全面的混乱，新东方命悬一线，濒临崩溃。

在新东方生死存亡的关键时刻，和君咨询受聘成为新东方的咨询顾问，最终和君咨询给出了工作思路，其中重要的一条就是彻底变革"分封割据、自种自收"的盈利模式，建立现代法人的治理结构，依据各自对公司经营发展的贡献和重要程度来分配股份，通过股份增值来实现股东收益的最大化。

2002年，俞敏洪着手开始解决这一问题。股份分完后，俞敏洪分到了55%的股份，但他发扬了一下老大的风格，将10%的股份拿出来作为代持股份。他认为，新东方未来肯定需要新的管理者，而这10%的股份正是为他们预留的。在公司上市之前，这10%的股份刚好用完。俞敏洪花了4年时间周旋在管理层、总部各部门、区域公司之间，总算把松散合伙制变成真正意义上的股份制。通过这次股权设计和分配，创始团队间在利益上的一致性最终压倒了发展理念上的差异，团队仍能相互扶持着走下去，直到公司成功上市。

2006年，新东方在纽交所上市，按发行价格计算，新东方市值5.29亿美元。以上市为契机，一批创始人跻身千万乃至亿万元富翁之列，创始人俞敏洪持股市值达10亿元，成为当今最富有的教师，徐小平和王强身家也达数亿元。上市后，新东方开放了期权发放机制，每年申请期权，发给贡献大的人，贡献越大，得到的期权就越多。通过期权，一批中层干部和骨干员工成为公司的股东，这也为公司的发展储备了大量人才。

不同于电影《中国合伙人》中讲述的那样，现实中徐小平、王强二人在新东方上市不久后就离开了，主要原因是个人发展规划不同。他们二人于2011年联合成立了真格基金，活跃在创投一线，成为业界著名的天使投资人。而新东方在上市后也保持着一路向上的发展趋势，2020年1月9日，新东方股价再创新高，每股达129.10美元，市值突破200亿美元。

3.3.2 启示

1. 根据团队成员特质分配股份

一个好的创业团队，能力应该是互补的，这种互补既是知识、经验、资源上的互补，也是性格、能力上的互补。这样在一起工作起来才能起到事半功倍的效果。创始之初股份的分配，要根据团队成员的贡献度和重要度来进行，避免平均主义。

2. 根据公司规划逐步调整股权结构

对于创业公司来说，股权结构并不是一成不变的，要根据公司的发展和战略动态来调整公司的股权结构，要设计合理的股权激励机制，为核心骨干和后续人才提供相应的利益保障机制。

3.4 家族企业的股权设计

贝恩公司发布的《2021中国私人财富报告》指出，2020年我国可投资资产在1000万元人民币以上的高净值人群数量达262万人，人均持有可投资资产约3209万元人民币。随着第一代"创富者"逐渐老去，高净值客户的首要需求已由"创富增富"转向"守富传富"。然而，现实中因各种因素交织，客观上资产配置广泛、资产类型各异，主观上家庭内部有分歧、各怀心思等，这些都使家族传承面临着巨大的挑战。

"2022年胡润全球富豪榜"显示，3381位身家十亿美元富豪中，仅28%的富豪财富是由继承得来的，这似乎印证了中国广为流传的俗语"富不过三代"。相似地，葡萄牙人常用"富裕农民，贵族儿子，穷孙子"来警醒创富者，西班牙也流传着"酒店老板，儿子富人，孙子讨饭"的俗语，德国则用"创造，继承，毁灭"来预示三代人的命运。尽管生活在不同民族、不同国家，但人类的智慧与发展的本质却大同小异，如何促进家族财富传承、基业长青是世界各地富豪千思百虑的永恒命题，其中洛克菲勒家族、默多克家族、李嘉诚家族等都向人们展现了教科书般经典的传承案例。

3.4.1 李嘉诚家族

1. 创业历程

初入商场（1955—1957）：李嘉诚用7000美元积蓄创办长江塑胶厂，随后推出塑胶花，成为热销商品，创造了数千万港元利润。

涉足地产（1958—1970）：李嘉诚开始涉足房地产业，在港岛北角与柴湾先后建立工业大厦，商业帝国逐渐形成。

资本运作（1971—1978）：李嘉诚正式成立负责地产业务的长江置业有限公司，于1972年易名为长江实业（集团）有限公司，并在中国香港成功上市，这成为李嘉诚事业上重大转折点。

全球扩张（1979—2017）：李嘉诚先以1.278亿港元取得和记黄埔的控制权，又于1984年购入香港电灯公司控制权。而后，李嘉诚商业版图逐步向全球延伸。2010年，李嘉诚斥资91亿美元收购英国电网。

2012年，长江基建以77.53亿港元收购英国天然气供应商。2013年，李嘉诚又分别以13亿欧元和97亿港元获得奥地利3G通信业务及荷兰最大废物转化能源公司AVR35%的股份。2015年，和记黄埔以102.5亿英镑收购西班牙电信英国公司O2。除此之外，李嘉诚陆续在全球投资民生基建事业，累计海外投资总额已超过2640亿港元。

至此，李嘉诚商业帝国涉及国内外各行各业多家上市公司，旗下拥有长江实业、和记黄埔、长江基建、电能实业，产业横跨通信、基建、港口、石油、零售等各个领域。2018年1月18日《福布斯》公布的香港富豪排行榜数据显示，李嘉诚以总资产360亿美元，连续蝉联香港首富20年。

2. 财富传承

如此庞大的家业与巨额财富，资产类别及股权关系纷繁复杂，若将资产在后代之间直接分割，过程烦琐且难以兼顾公平，甚至造成股权分散、丧失控制权、兄弟反目成仇等风险。而李嘉诚采用家族信托模式，安排家族资产的受益权和控制权，实现家族资产的有序传承。

李嘉诚为家族设立了两个信托公司，其中一个家族信托Li Ka-Shing Unity Holdings Limited（Unity Holdco）由李嘉诚及其长子李泽钜、次子李泽楷各持有1/3的权益，通过复杂的信托方式对旗下资产进行控制，包括22家上市公司股票，控股总市值约5000亿港元。另一个家族信托Li Ka-Shing Castle Holdings Limited（Castle Holdco），持有和记黄埔及和记电讯香港等公司股份，股权结构与Unity Holdco相同。

李嘉诚家族信托分为A、B两类，A类信托计划（权益类）有公司的经营权和表决权，B类信托计划（财产类）则拥有22家上市公司的所有资产，该设计将经营权与财产权进行了合理分割。权益类信托交给了长子李泽钜，实现公司控股与管理，而大部分财产类信托则留给次子李泽楷，其不参与公司经营但可享受分红。设立信托后，李嘉诚分家步骤主要为继任与分产两步。

（1）继任。2012年5月25日，李嘉诚宣布分家，由长子李泽钜继承李氏商业帝国，次子李泽楷获得充裕的现金另起炉灶、自行创业。此次变更，李泽楷将其持有的1/3家族信托（Li Ka-Shing Unity Holdings Limited）权益全部转让给李泽钜。变更后李泽钜持股比例升至2/3，李泽楷则完全退出。同年7月，李嘉诚又将自己持有的1/3家族信托权益转让给李泽钜，至此，李泽钜顺利接下李氏家族产业管理经营的接力棒。

（2）分产。2015年李嘉诚重组家族产业，将旗下所有产业重组为长江和记实业有限公司（以下简称"长和"）和长江实业集团有限公司（以下简称"长实"），实现地产业务与其他业务分离，并设立6个家族信托，如图3-2所示，包括4个全权信托（DT1、DT2、DT3、DT4）和2个单位信托（UT1、UT3）。李嘉诚家族通过家族信托持有几乎全部长和与长地的股份，其他少量持股人为李嘉诚基金会、李泽钜的配偶及子女。

第一部分 股权设计

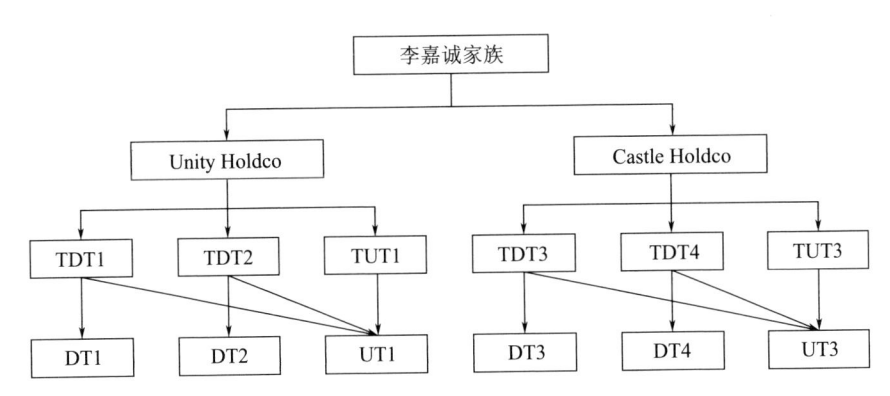

图 3-2 李嘉诚家族信托结构
资料来源：亿德晟家族财富公众号

以 Unity Holdco 为例，第一层信托架构 TDT1、TDT2 分别是 DT1 和 DT2 的受托人，并各自持有房产信托 UT1 中的若干物业。在第二层架构中，TUT1 为 UT1 的受托人，拥有长江实业的股份权益。Castle Holdco 的架构与 Unity Holdco 相似，TDT3、TDT4 分别是 DT3、DT4 的受托人，并各自持有 UT3 中的若干物业。

据设计该信托的人士解释，两层信托架构间虽然有股权关系，但注入不同信托中的财产关系实际上是分割开的。如此设计，信托内的股权转让不会对其他财产造成影响，避免某一个资产的风险波及其他资产，达到割裂风险的目的。

2018 年 3 月 16 日，李嘉诚正式宣布退休，卸任董事会主席一职，其执掌了 68 年之久的商业帝国也迎来了第二代掌门人——李泽钜，但李嘉诚仍继续担任李嘉诚基金会主席，并担任长江集团高级顾问。在完成商业帝国的继任后，其巨额家产的传承也随之尘埃落定。

3. 案例启示

1）未雨绸缪，规避风险

李嘉诚凭借多年商界沉浮的智慧，巧妙地运用资产配置原理来分配李氏家族的金融资产与实业资本。为避免匆忙传承或来不及传承，李嘉诚未雨绸缪，在退休前就合理设置家族信托与股权架构，以实现财富灵活传承、资产风险隔离、保障控股权益、平衡内部利益、调解纠纷与信息保密等目标。

2）知人善用，妥善处理

李嘉诚对儿子的培养始于幼年，不仅培养他们独立、勤俭的品质，还有意识地训练他们的商业思维，安排儿子出席长实董事会会议。虽两兄弟年龄相近，但性格志趣、人生目标有天壤之别。李泽钜老成持重，乐意接受适当的投资额与回报率，并进行合理的创新，敬重长辈，不负父望。李泽楷则与父亲十分相似，具有冒险开拓和勇于创新的企业家精神，不循规蹈矩，有强烈的自主性，也非常乐意接受父亲的资助来拓展自己的事业。李嘉诚既能用人所长又兼顾公平，充分释放两个儿子的潜能，使二人水火相济、一脉同气，为李氏家族商业帝国的百年存续打下坚实的基础。

3.4.2 王永庆家族

反观中国台湾"经营之神"王永庆的家族，其家族传承之路波折不断。自2008年10月王永庆逝世以来，王氏家族的争产风波不断，闹得满城风雨，不可开交。公开资料显示，王永庆在台湾留下价值约600亿元新台币的资产，而在美国的总资产约为81亿美元（约合2648

亿元新台币）。王永庆辞世不到一个月，其长子王文洋便陆续在全球多地就遗产继承问题提起诉讼，三房夫人李宝珠也向台湾法院提起诉讼，要求确立其与王永庆合法配偶关系，并拥有合法继承遗产的权利；而疑似王永庆的四房夫人林明珠浮出水面，王永庆私生子罗氏三姐弟公开要求认祖归宗，公平享受财产继承权。更令人唏嘘的是，王氏家族遗产税总共119亿元新台币，成为台湾历年最高遗产税。

1. 创业历程

1932年，年仅15岁的王永庆为了帮扶母亲养家，孤身一人到台湾南部的嘉义县城，在一家米店当学徒。一年后，王永庆便自己开了第一家米店，并以客户需求为导向，不断优化自身经营，最终王永庆的米店在当地形成垄断地位。

抗日战争胜利后，台湾建筑业随经济复苏开始蓬勃发展。王永庆凭借敏锐的商业嗅觉择机转向木材经营，结果获利颇丰。

1954年，王永庆又靠着筹集的50万美元资金与兄弟王永在共同创办了台湾第一家塑胶公司——台湾塑胶公司，后发展为台塑集团。

1984年，台塑集团的资产总额已超过45亿美元，年营业额30亿美元，占台湾地区GDP的5.5%。

2004年，台塑集团已成为台湾最大的民营企业集团，旗下拥有有"台湾四宝"之称的台湾塑胶工业、南亚塑胶工业、台塑石化、台湾化学纤维等9家公司，员工7万多人，资产总额超1.5万亿元新台币，集团上下游关联企业已经达到1500家。除台湾地区资产外，王氏兄弟还在中国大陆投资发电厂、酒店、地产，也在美国进行投资布局。至此，王氏家族已在全球构筑了一个庞大的商业帝国。

2008年,《福布斯》公布王永庆身家高达68亿美元,位列台湾首富。2008年10月15日上午,王永庆于美国新泽西因心肺衰竭逝世,享年93岁。

2. 企业传承

1) 非营利性机构持股

为了集中台塑集团股权,王氏兄弟通过股权捐赠的方式,将台塑集团股权装入基金会、大学、医院等非营利性机构,包括财团法人王詹样社会福利慈善基金会、财团法人勤劳社会福利慈善事业基金会、王长庚社会福利基金公益信托和王詹样社会福利基金公益信托等。

其中最具影响力的非营利性机构属长庚纪念医院。1976年,王氏兄弟将台湾化学纤维公司的股权捐赠给长庚慈善基金会,长庚纪念医院为该基金会的实际运营主体。同时,长庚纪念医院也是前述四家公益信托中两家的受托人。截至2019年年底,长庚慈善基金会担任台塑集团旗下三家上市公司的第一大股东,分别持有台湾塑胶工业、南亚塑胶工业、台湾化学纤维及台塑石化9.44%、11.05%、18.58%及5.79%的股份。而值得注意的是,长庚慈善基金会的董事会现由王氏家族成员掌控。

2) 设立五大海外信托

2002—2005年,为了布局海外及中国内地的投资版图,王氏兄弟在百慕大与开曼群岛设立了五大信托,控制旗下众多私人投资公司。其中,王氏家族信托(Wang Family Trust)主要持有台塑集团四家上市公司股票，如图 3-3 所示，但总计持股不足 5%。Vantura Trust 与 Universal Link Trust 分别持有秦氏国际投资公司与万顺国际投资公司，这两家投资公司也是台塑四家上市公司的主要持股者。Transglobe Trust 持有在英属维尔京群岛注册的华阳投资，投资华阳电厂等内地企业。最后，New Mighty Trust 则持有王氏家族美国公司的股权。

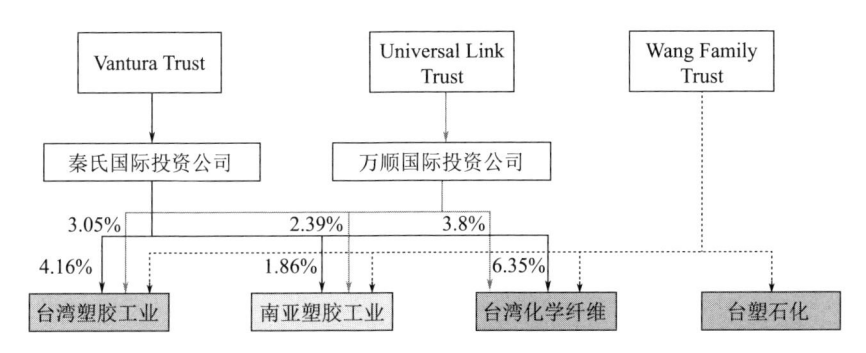

图 3-3 王氏家族通过海外信托持有的台塑集团四家上市公司股票
资料来源：《家族企业》杂志

五大海外信托设置两层信托架构，第一层是设立一家私人信托公司作为信托受托人，来管理境外投资公司所持有的台塑集团股权。第二层是设立目的信托，由持牌信托公司受托来持有第一层私人信托公司的股份。而王氏家族二代成员王文渊、王文潮、王瑞华、王瑞瑜及"台塑账房"洪文雄五人组成上述私人信托公司的管理委员会，行使所持台塑集团股份对应的投票权，五大海外信托不可撤销也不分配收益。简而言之，王氏家族通过五大信托牢牢掌控着台塑集团股权，并参与管理信托财产。2008 年，在王永庆逝世后，这五大海外信托所持有的总资产已超 2000 多亿元新台币。

3）集团子公司交叉持股

为了防止外部资本进入导致家族股权稀释，"台湾四宝"之间通过内部交叉持股形成利益共用体，如图3-4所示。

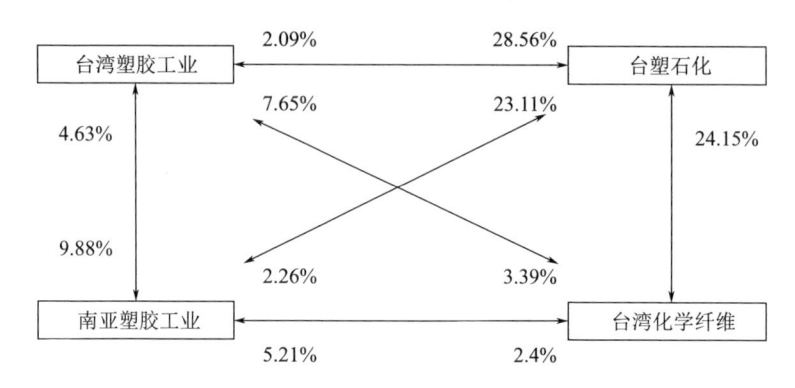

图3-4 台塑集团上市公司内部持股情况
资料来源：《家族企业》杂志

3. 争产风波

1995年，王文洋因丑闻曝光被逐出台塑集团，后始终未能再回集团。子承父业的计划落空后，王氏兄弟二人认为"经营权与所有权相分离"是企业未来经营的发展方向，而家族成员与职业经理人共同治理的模式是走向职业经理人全面治理的过渡阶段，因此王氏兄弟决定先在集团内部设置行政中心七人组，于2006年宣布权力交棒给行政中心，让其成为台塑集团最高决策单位。

七人小组的成员安排以"老臣与二代共治，平衡利益"为原则，其中家族成员有4人，包括王文渊、王文潮、王瑞华和王瑞瑜；老臣有3人，包括李治村、吴钦仁和杨兆麟，具体人员名单见表3-1。

表 3-1 行政中心七人小组

序号	姓名	职务	说明
1	王文渊	台塑集团总裁、台湾化学纤维董事长	王家二代、王永在大房长子
2	王瑞华	台塑集团副总裁	王家二代、王永庆三房长女
3	李志村	台塑集团董事长	台塑集团老臣
4	吴钦仁	南亚塑胶工业董事长	台塑储团老臣
5	王文潮	台塑石化董事长	王家二代、王永在大房次子
6	杨兆麟	台塑集团总管理处总经理	台塑集团老臣
7	王瑞瑜	台塑集团总管理处副总经理	王家二代、王永庆三房次女

资料来源：《家族企业》杂志

王永庆家庭成员结构如图 3-5 所示，仔细分析可发现，王永庆三房的四个女儿中，两个女儿为行政中心小组成员，两个在长庚系担任要职，外界称其为"掌权于大内"。而二房子女则传承了"经营之神"王永庆的创业家精神，自食其力，笑傲江湖。其中三女王雪红从最初创立威盛电子到创立 HTC 手机，继王永庆后也成为独立创业成功的台湾富豪。虽然王永庆的原配夫人王郭月兰膝下无子女，但在法律意义上，王文洋从小就作为养子过继给王郭月兰。

值得注意的是，王文洋最终还是未能在集团取得一席之位。或许是对于无法控制并管理父亲财产而耿耿于怀，王永庆逝世不满一个月，王文洋就以王郭月兰的名义向三房夫人李宝珠发出存证信函，要求其公布王永庆的全部财产，王氏家族财产纠纷由此拉开序幕。随后，三房夫人李宝珠也提起诉讼，要求确立与王永庆合法配偶关系，拿到陪侍 50 年的合法名分并享有合法的遗产继承权。同年，疑似王永庆四房

▶ 股权之道：设计·激励·治理

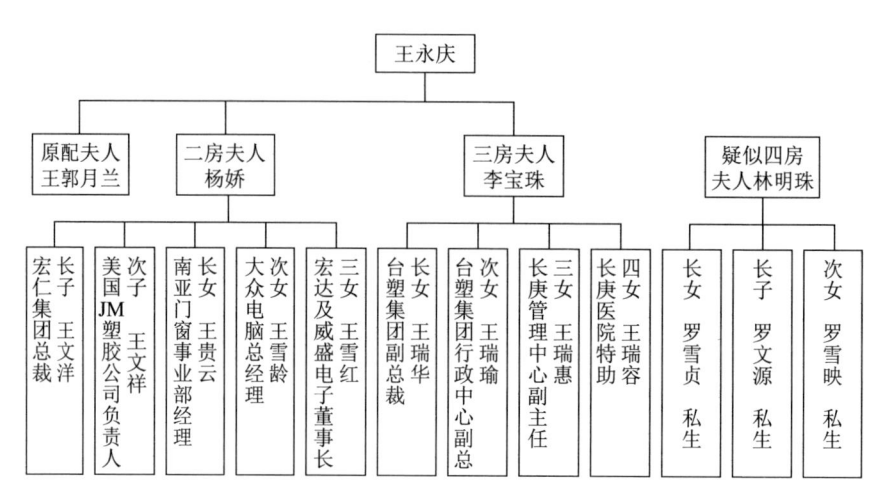

```
                                    王永庆
        ┌───────────────┬──────────────┬───────────────┐
     原配夫人          二房夫人        三房夫人        疑似四房
     王郭月兰           杨娇           李宝珠         夫人林明珠
```

| 长子 宏仁集团总裁 王文洋 | 次子 美国JM塑胶公司负责人 王文祥 | 长女 南亚门窗事业部经理 王贵云 | 大众电脑总经理 王雪龄 | 次女 宏达及威盛电子董事长 王雪红 | 三女 台塑集团副总裁 王瑞华 | 长女 台塑集团行政中心副总 王瑞瑜 | 次女 长庚管理中心副主任 王瑞惠 | 三女 长庚医院特助 王瑞容 | 四女 罗雪贞 私生 | 长女 罗文源 私生 | 长子 罗雪映 私生 |

图 3-5 王永庆家庭成员结构
资料来源：《家族企业》杂志

夫人林明珠及其三个私生子女——罗氏三姐弟也突然向台北地方法院提起诉讼，请求强制认亲，并出具了一段与二房长女王贵云的谈话录音，以证明其三人为王家子嗣。

最终结果如下：一方面王文洋与三房夫人的两项诉讼均在王家长辈出面协调下达成和解，即各方同意二房夫人与三房夫人均为王永庆的合法配偶；另一方面，台北地方法院也承认了罗氏三姐弟为王氏家族成员，并享有平等继承权。因此，王永庆在台湾价值600亿元新台币的遗产应做如下分配，即法律上王郭月兰分得遗产总额的1/2，而她又将自己获得部分的1/2（总遗产的1/4）平均分给二房夫人和三房夫人；遗产总额的另一半则平均分配给3位夫人和9个子女。此次遗产的分配也引申出高达119亿元新台币的遗产税，创造了台湾最高遗产税的纪录。

然而这还远不是遗产纠纷的落幕，从 2009 年至 2013 年，王文洋还先后向美国法院、百慕大法院、香港法院提起多起诉讼，拟达到三个目的：一是请求法院查明王永庆在各地的遗产总额；二是请求法院判定王文洋为王永庆遗产的指定继承人，享有管理财产的权利；三是申请判定海外信托无法律效力，故信托所涉及的资产应归还给王氏家族法定继承人。2013 年 5 月，香港高等法院判定王文洋胜诉，并任命其为王氏家族遗产管理人，这也是王文洋自诉讼以来首次获得胜诉。2019 年，王文洋向美国哥伦比亚联邦法院的上诉已获得胜诉，法院认为王永庆在美国的信托涉及利用美国法律制度来逃避相关税费问题，并由哥伦比亚特区联邦地方法院正式受理王永庆在美的遗产诉讼，而诉讼的结果以及对王氏家族的影响仍是一个未知数。

4. 案例启示

家族企业的永续经营与股权的稳定集中密不可分，而在设计股权架构、防范股权稀释风险时，可以考虑采取多种方式来达到掌握控股权的目的。就台塑集团的股权架构而言，王永庆巧妙地选择非营利性机构持股，设置海外信托以及集团内公司交叉持股的方式，使台塑集团的控股权被牢牢掌握在家族成员手中。同时，王永庆坚信经营权与所有权相分离是保证集团基业长青的根本，这样既保证了家族成员能以股东身份参与集团最高决策，又有效地引入职业经理人进行专业化经营管理。

虽然台塑集团凭借成熟的股权设计实现了控股权集中以及企业经营的平稳过渡，但王永庆对于家族企业的顺利传承失算失策。王永庆的家庭成员众多，关系复杂，而生前他并未设立任何遗嘱，也没有设立信托的受益人，利益分配不清晰、不均衡为后续争产风波埋下了种子。虽然王永庆在《致儿女的一封信》中写有"当生命终结，辞别人世之时，这些财富将再全数归还社会，无人可以例外"，透露出他用财富回馈社会的心愿，但王永庆的子女似乎并未对父亲的意愿理解透彻，也并未在遗产管理上达成共识，因而在争夺遗产时，每个人都各出奇招，各谋其利，令人感叹。

3.5 金融机构的股权设计

投资机构、投资银行等资本服务行业通常具有轻资产、高薪酬、精英聚集等特点，极大依赖于员工的智慧和经验。同时，资本服务行业物质诱惑多、竞争激烈，人才流动率也相对较高。商场如战场，面对瞬息万变的资本市场，一支稳定且具有持久战斗力的队伍是机构成功突围的关键。因而，投资机构、投资银行等无论规模大小，都须谨慎、长远地考虑自身的组织架构与人才战略。

在实践中，合伙制因其独特、灵活的治理机制与较为完善的激励约束机制，成为许多投资机构、投资银行的首选，其赋予合伙人三种重要权利——控制权、股权激励与身份象征。早在19世纪末，高盛等著名的投资银行就开始采用合伙制，成为高盛合伙人不仅意味着拥有财富，还是一种身份的象征，包含荣誉、权利和备受尊敬的成就感。受高盛合伙制文化的影响，3G资本也致力于创立一种基于相同价值观的事业合伙人文化,明确分工,以价值贡献为导向。类似地,作为国内最早的市场化 PE 机构之一,达晨创投早在 2008 年就设立了高管参与持股的合伙制。达晨董事长刘昼表示,正是合伙制,造就了达晨的今天。

3.5.1 高盛集团

成立于 1869 年的高盛被誉为全世界历史最悠久、最有权势的投资银行,从当年不起眼的小银行到华尔街之王,从一间办公室、一个雇员到分支机构遍布全球、掌握上万亿美元资产,高盛经历了风风雨雨而屹立不倒。在高盛的发展壮大过程中,合伙制起到了至关重要的作用。通过合伙制,高盛得以将最优秀也是流动性最高的业内精英集结在一起,形成了稳定而高效的管理架构。

高盛是华尔街最后一家保留合伙制文化的投资银行。1998 年 8 月,高盛公司合伙人会议决议将高盛公司改组成股份有限公司,从而结束了其近 130 年的合伙制历史,但是高盛一直保留着合伙制文化。

1. 高盛的合伙制简介

美国法律中的合伙分为两大类:一般合伙和有限责任合伙。一般合伙完全由一般合伙人组成,合伙人均对合伙的债务承担无限连带责任;有限责任合伙中的合伙人则由一般合伙人和有限责任合伙人组成。一般合伙人对合伙债务承担无限连带责任,而有限责任合伙人对合伙债务通常仅承担有限责任,在例外情况下对合伙债务承担无限连带责任。

在高盛的合伙制中,员工拥有明确的晋升路线。普通员工一般 4 年左右有机会升任副总裁,副总裁工作 2 年左右有机会成为初级合伙人。初级合伙人有 4~6 年的试用期,在此期间初级合伙人业绩不佳则削减其个人的合伙比例或令其走人。初级合伙人经过业绩考核合格后升为一般合伙人,即正式的合伙人。一般合伙人与高级合伙人和资深合伙人的主要区别在其年资、管理层次和合伙比例上,资深合伙人通常只有 1~2 人,他们是高盛公司的最高领导者。

合伙人的收入分为两大部分:一是薪酬,二是合伙人分配比例 × 公司税前利润总额。合伙人分配比例由管理委员会每两年决定一次。在 1990 年以前,合伙人分配比例取决于各合伙人的年资;在 1990 年之后,由管理委员会判断每个合伙人的业绩,业绩好则分配比例上调,业绩差则分配比例下调。任何合伙人,无论其收入多少,都必须将收入的大部分投入公司,退休时才能拿走。在退休时,合伙人可一次性取走一半的个人资金,其余的分五年返还。

在未上市之前,高盛的经营资本主要来源于三个方面:一是合伙人的累积投入,二是非合伙人(主要指已退休的合伙人)的投入,三是外部机构的投资。在 1986 年,合伙人的投入占到公司全部资本的 80%,非合伙人的投入占到公司全部资本的 20%。1996 年以后,高盛逐步引入了财务上的合伙人,包括日本住友等基金公司和保险公司,但是它们没有投票权。

高盛为适应其业务特点,日常的管理高度扁平化,主要有三个层级:一线员工、合伙人及管理委员会。高盛没有一般公司的全职职业经理(管理者),管理委员会承担管理者的角色,有人财物的决策权。管理委员会由十几个高级合伙人组成,首脑由 1~2 名资深合伙人担任。在发展过程中，为了有效决策和排除部门利益干扰，高盛又在管理委员会的基础上成立了执行委员会，为了协调各部门的利益又成立了运营委员会。

2. 高盛合伙制的优势

高盛对合伙人的惩罚和激励机制非常明确，高管普遍具有强烈的风险意识和责任意识，这也形成了高盛特有的追求长期价值、雄心勃勃的文化。高盛成为有抱负的金融人士的首选银行，在这里工作是身份的象征。高盛合伙制的优势在于以下几方面。

1）吸引优秀人才并长期稳定

员工毕业后加入高盛，从分析员做起，历经助理、副总裁、高级副总裁、总监、执行总经理、董事总经理，最终到合伙人，职业路径清晰。高盛全球有2万余名员工，但只有300名合伙人。合伙人年薪达数百万美元以上，拥有丰厚的福利待遇，并持有公司股份。因此，其合伙人制有利于吸纳优秀人才并保持长期稳定。

2）具有高风险意识与强责任意识

金融行业的基础是信用，金融机构的稳定发展在于客户对其的信任。合伙制的投行意味着合伙人承担了由于业务失误或公司业绩下滑、业绩虚假带来的全部连带责任，这种沉重的压力使得合伙人更重视对产品质量的控制和风险的把握，也使得证券投资人对这些投行产生信任，进而对它们推荐的证券产品产生信心。

3. 合伙制与高盛上市

合伙制的基本特点决定了公司资本规模是有限的，合伙人承担无限责任。为了扩充资本金，并减轻在金融创新的过程中承担的经营风险，1998年8月，高盛公司合伙人会议决议将高盛公司改组成股份有限公司，并于1999年5月成功上市。但是高盛上市之后，它仍保留着合伙制的一些特点，例如合伙人仍然持有公司大量股份，并依据自己积累的客户资源继续为公司服务等。上市后高盛的合伙人数量一直保持在300人左右，每两年更新1/4～1/3。

3.5.2 华兴资本

华兴资本成立于2005年，是一家专注于中国新经济业务的领先投资银行及投资管理公司，旨在发掘优秀创业家及优质业务机会，并随客户需求的演变而不断自我迭代。华兴资本以其独创的"漏斗式"业务模式，为创业早期、成长期、后期以及上市后的客户提供私募融资、投资并购及资本市场运作等全生命周期服务。截至2017年12月31日，中国新经济企业市值或估值最大的20家企业中，有15家是华兴资本的客户，"独角兽"客户占中国"独角兽"企业总市值的56%。凭借其敏锐的市场嗅觉，华兴资本成就了中国互联网的半壁江山，在包括京东、腾讯、美团、聚美优品、唯品会、爱奇艺、58同城、赶集网、优酷、滴滴打车、途牛、神州租车等互联网项目背后，都不乏华兴的身影。华兴资本主要里程碑[1]如下：

2005年，于中国北京成立，并开始提供私募融资顾问服务。

2009年，开始提供并购顾问服务。

---

[1] 华兴资本控股有限公司. 聆讯后资料集[R]. 香港：香港联合交易所有限公司，2018.

2012年，开始在中国香港提供财务顾问，股票承销、销售、交易、经纪及研究服务。

2013年，开始在美国提供财务顾问，股票承销、销售、交易、经纪及研究服务，并开展投资管理业务。

2014年，成立早期顾问平台。

2015年，成立专门的医疗行业团队，私募股权业务的总认缴资本超过10亿美元。

2016年，华菁证券在中国开展业务。

2017年，私募股权业务的总认缴资本超过20亿美元。

2018年，所有业务资本交易总额超过1000亿美元，私募股权业务的总认缴资本超过30亿美元。

至此，华兴资本凭借投资银行、资产管理、华菁证券三大业务主线，完成了一、二级市场的闭环。

1. 股权结构

华兴资本招股书显示，其上市前股权结构如图3-6所示，CR Partners由FBH Partners、Sky Fortress Investments Limited、Ever Perfect Investments Limited、East Logic Limited及High Fortune Investment Limited分别持有73.37%、11.99%、11.92%、1.38%及1.34%的股份。其中FBH Partners公司实际控制人为包凡与其妻，分别持有79%及21%的股份，包凡拥有100%投票权。Sky Fortress Investments Limited由创始合伙人谢屹璟控制，Ever Perfect Investments Limited由创始合伙人杜永波控制，High Fortune Investment Limited由

创始合伙人王新卫控制。

Honor Equity Limited 由 Cantrust（Far East）Limited 信托全资拥有，Sky Allies Development Limited 由 Infiniti Trust（Hong Kong）Limited 信托全资拥有，两个信托的受益人均为员工股权计划参与者及受限制股份单位参与者。上市前，华兴资本的创始人及管理团队持股比例共计约67%，其他投资者持股比例约为33%。

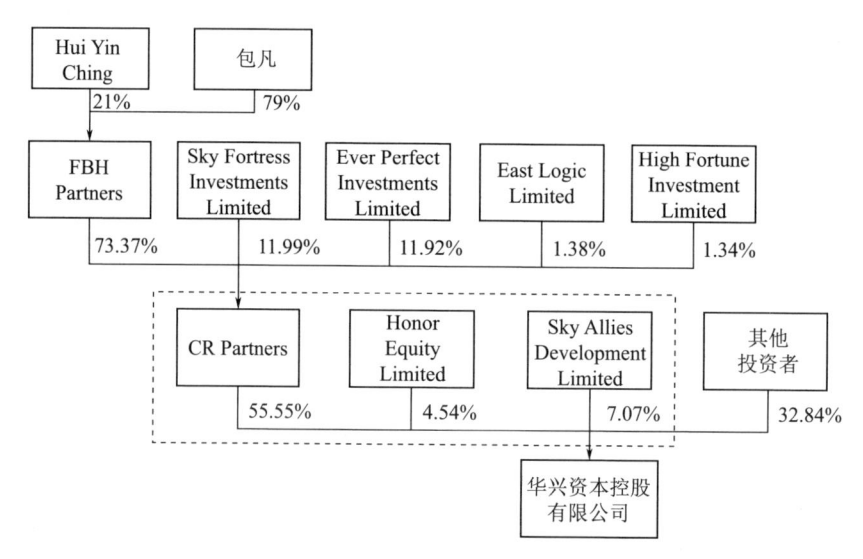

图3-6 华兴资本控股有限公司上市前股权结构
资料来源：华兴资本招股说明书

2. 人才激励

华兴资本的业务属于人力资本密集型业务，如何吸引、培养、留任及激励能人志士是其长远发展的核心命题。首先，华兴资本企业文化包含契约精神、创业精神、追求卓越、团队合作与主人翁精神，正是这种极具创新及创业家精神的文化吸引了一群金融创业家来合作成立公司。

其次，华兴资本日常运营依赖中层管理人员、资深投资及交易经理、持牌保荐人代表、风险管理人员、研究分析师与信息技术专业人员。公司坚信投资人才对可持续发展至关重要，并以相较中国市场极具吸引力的薪酬方案来留任与激励优秀人才，也因此搭建了管理层股权激励架构，确保管理团队对公司有极强的归属感。

具体来说，员工激励机制包括现金、股份及福利。华兴资本的招股书与年度报告显示，2015年、2016年、2017年、2018年，员工薪酬及福利开支分别为0.44亿美元、0.65亿美元、1.01亿美元及1.31亿美元，分别占当期营业收入的36%、49%、73%及60%。截至2018年3月31日，华兴资本共有584名雇员，包括71%的顾问及投资专家，人均年薪已超百万元。

最后，在人才培养和赋能方面，华兴资本通过"青年领导力计划"来发掘和培养下一代领导者。该计划的目标旨在为选定的杰出年轻人提供高层辅导，让其参与公司的战略讨论，并有机会参与员工股权激励。该计划不仅为公司领导层平稳过渡打下基础，还使创业家精神在企业内部得到不断传承。目前，公司年轻的合伙人基本上都由内部培养，拥有极高的忠诚度。

3. 案例启示

（1）高管团队持久稳定，紧握公司控制权。稳定的团队是投资机构持续发展的根基，华兴资本业务的成功很大程度上依赖包凡、谢屹璟、杜永波及王新卫几位创始合伙人的持续服务，团队合计持股比例超过67%。不少业内人士认为创投团队在管理平台持股比例达到60%～70%较为理想，能在牢牢抓住经营控制权的同时，激发出团队的创造性。

（2）坚持主人翁精神，共享公司成长红利。华兴资本采用现金+股权相结合的动态激励机制，不仅能够绑定现有核心人才，吸引新型人才加入，还可有效防止组织僵化，防止内部"搭便车"行为侵蚀公司的奋斗精神。

（3）公司品牌价值凸显，独特文化凝聚人心。在精英汇聚的资本市场，华兴资本以其浓厚的"江湖气息"成为资本圈一个特立独行的存在，而这根深蒂固的烙印必然离不开华兴的灵魂人物——创始人包凡。因独特的成长经历与教育经历，包凡身上兼具"江湖义气"与"商业精英"的性格特质，也自然而然将此特质带入华兴资本。华兴内部盛行的"吃苦在前，享乐在后"创业家文化，不仅吸引了一批志同道合的"创业兄弟"，还使华兴结交到众多"气味相投"、价值观相近的客户，在成就客户的同时，也打造了华兴自身新经济领域领先投行的品牌。

3.5.3 广发证券

公募基金行业是人力资本高度密集型行业，如何吸引并留住具备专业知识与丰富经验的优秀人才无疑是公募基金基业长青的关键命题。自2013年6月《中华人民共和国证券投资基金法》（以下简称《基金法》）明确允许公募基金公司可以实行专业人士持股计划，建立长效激励约束机制以来，我国公募基金行业的股权激励创新实施逐步展开。

然而，根据 Wind 数据，2020 年我国公募基金高管变动人数已高达 343 位，包括 89 位总经理和 63 位督察长，此三项数据创下自 1998 年以来的"历史之最"。此外，2020 年发生变更的公募基金高管还涉及 136 位副总经理（仅次于 2015 年的 146 位）、45 位首席信息官（仅次于 2019 年的 50 位），而发生董事长职位变更达 62 位，也进入了历史排名前五。

当前，我国公募基金仍然是蓝海市场，随着行业的开放化、规范化、国际化发展，公募基金要实现长远发展，需要进一步解决"留住核心高管"的核心问题。前海开源基金首席经济学家杨德龙表示，公募基金对高管要求越来越苛刻，其既要具备常规的管理能力、业内知名度，还需要对投资有着深入见解。高管团队的稳定性越好，对公司的发展越有利。因而近几年来，各家基金公司为吸引或留住核心高管，都纷纷采取了股权激励等多元化激励手段。

为了增强公募基金行业服务实体经济的能力，推动行业高质量发展，2020 年 7 月 31 日，中国证监会发布《关于就〈公开募集证券投资基金管理人监督管理办法（征求意见稿）〉及相关配套规则公开征求意见的通知》[1]，证监会表示，随着金融体制改革的日益深化和市场环境的深刻变化，基金行业面临新的机遇和挑战，有必要进行修订完善。一是进一步提升行业包容性，公募牌照准入和日常业务监管需进一步

---

[1] 中国证券监督管理委员会. 关于就《公开募集证券投资基金管理人监督管理办法（征求意见稿）》及相关配套规则公开征求意见的通知 [EB/OL].（2020-07-31）[2021-03-01]. http://www.csrc.gov.cn/csrc/c101877/c1029532/content.shtml.

完善；二是进一步树立长期投资理念，强化长效激励约束机制，加快推进文化道德建设；三是进一步打造更有韧性的行业生态，加大公司防风险意识，提高机构市场化退出可操作性；四是进一步支持行业机构做优做强，努力打造国际一流的资产管理机构。以此加强公募基金行业规范化监管，并加速完善公募基金公司治理，以及建设长效激励机制。

2020年年末，大型公募基金——广发基金管理有限公司（以下简称"广发基金"）股权激励的成功落地吸引了行业内不少人士的关注。成立于2003年8月5日的广发基金是业内第30家成立的基金管理公司。根据公司官网简介，截至2020年12月31日，公司管理资产规模超万亿元，管理开放式基金234只，同时还管理多个特定客户资产管理投资组合、社保基金投资组合、养老基金投资组合。公司产品线齐全，旗下产品覆盖主动权益、债券、货币、海外投资、被动投资、量化对冲、另类投资等不同类别。经过近18年磨砺，广发基金已具备较强的综合实力，近年来业绩表现更是可圈可点。2020年12月22日，证监会官网发布《关于核准广发基金管理有限公司变更股权的批复》[1]，核准嘉裕元（珠海）股权投资合伙企业（有限合伙）（以下简称"嘉裕元"）、嘉裕祥（珠海）股权投资合伙企业（有限合伙）（以下简称"嘉裕祥"）、嘉裕禾（珠海）股权投资合伙企业（有限合伙）（以下简称

---

[1] 中国证券监督管理委员会. 关于核准广发基金管理有限公司变更股权的批复 [EB/OL]. （2020-12-22）[2021-04-01]. http://www.csrc.gov.cn/csrc/c101881/c1415882/content.shtml.

"嘉裕禾")、嘉裕泓（珠海）股权投资合伙企业（有限合伙）（以下简称"嘉裕泓"）、嘉裕富（珠海）股权投资合伙企业（有限合伙）（以下简称"嘉裕富"）认购广发基金新增注册资本，共计10%的股份。认购完成后公司股权结构如表3-2所示。

表3-2 广发基金股权结构

序号	股东名称	出资额（万元）	出资比例
1	广发证券股份有限公司	7 688.000	54.53%
2	烽火通信科技股份有限公司	2 000.000	14.19%
3	深圳市前海香江金融控股集团有限公司	2 000.000	14.19%
4	广州科技金融创新投资控股有限公司	1 000.000	7.09%
5	嘉裕元（珠海）股权投资合伙企业（有限合伙）	545.544	3.87%
6	嘉裕祥（珠海）股权投资合伙企业（有限合伙）	314.372	2.23%
7	嘉裕禾（珠海）股权投资合伙企业（有限合伙）	218.684	1.55%
8	嘉裕泓（珠海）股权投资合伙企业（有限合伙）	167.556	1.19%
9	嘉裕富（珠海）股权投资合伙企业（有限合伙）	163.644	1.16%
	合计	14 097.800	100.00%

资料来源：证监会官方网站

公开资料显示，上述5家有限合伙企业均成立于2020年9月4日，为广发基金管理层以及核心骨干出资设立的员工持股平台，涉及上百名人员，覆盖范围广泛。企查查数据显示，嘉裕元，注册资本33 039.1698万元，法定代表人为傅友兴，持股比例为9.93%。Wind数据显示，傅友兴现任广发价值投资部总经理，并担任广发稳健增长、广发稳健回报、广发睿阳三年定开等基金经理，在管规模达437.15亿元。股东人员还包括广发基金副总经理易阳方、副总经理朱平、广发基金总经理助理王海涛、基金经理郑澄然、孙迪、张东一等33位高管及公司骨干。

嘉裕祥，注册资本19 039.343万元人民币，法定代表人为张芊，持股比例为20.71%。Wind数据显示，张芊现任广发基金副总经理、固定收益投资总监，并担任广发安盈混合、广发聚鑫债券等15支基金经理，在管规模达341.12亿元。股东人员还包括广发基金明星基金经理刘格菘、债券投资部总经理谢军等28位高管及骨干人员。

嘉裕禾，注册资本13 244.5198万元，法定代表人为广发基金副总经理魏恒江，其他股东人员还包括广发基金新任总经理王凡等22位高管及核心员工。

嘉裕泓，注册资本10 148.19万元，法定代表人仍为广发基金副总经理魏恒江，股东人员包括曹磊、赵铁龙、黄鹤等20位高管及核心员工。

嘉裕富，注册资本9911.269万元，法定代表人为广发基金首席信息官窦刚，其他股东人员包括张晓章、李尔华、刘蕾等26位高管及核心员工。

除广发基金外，据财联社不完全统计，截至2020年年底，实施股权激励的公募基金的已有易方达基金、南方基金、汇添富基金、天弘基金、银华基金、创金合信基金、前海开源基金、中欧基金等逾30家。

股权激励在公募基金行业的不断创新与普及，不仅促进了整个基金行业向规范化、多元化、国际化发展，还在公司层面上产生了深远影响，具体表现为完善了公司治理，提升了管理水平，吸引与留住了优秀人才，加强了整体竞争力，形成了基金份额持有人、基金公司员工与基金公司股东长期利益一致的有效机制，为公募基金管理公司的长期发展奠定了坚实基础。

3.6 知识型企业的股权设计

随着国民经济的发展以及经济社会活动的复杂化，一些专业的智力服务型企业如雨后春笋般成长起来，它们从事软科学研究开发，运用专业知识与经验，为企业、企业家及个人提供咨询服务，例如会计师事务所、律师事务所、咨询公司等。这类知识型企业在组织结构、业务形式、资产形式、人员构成上与一般工商企业有很大的不同，其股权设计也有着极大的特殊性。

会计师事务所和律师事务所的成立除了需要一般的工商审批，还需要行政主管单位审批。会计师事务所由财政部门主管，律师事务所由司法部门主管，咨询公司则没有类似的主管单位。

根据我国《会计师事务所执业许可和监督管理办法》的规定，会计师事务所可以采用普通合伙、特殊普通合伙或者有限责任公司形式，但从事证券服务业务和关系到公众利益的其他特定业务的，应采用普通合伙或者特殊普通合伙形式。根据我国《律师事务所管理办法》的规定，律师事务所可以由律师合伙设立、律师个人设立或者由国家出资设立，合伙律师事务所可以采用普通合伙或者特殊的普通合伙形式设立。

会计师事务所、律师事务所在对外提供服务过程中，合伙人个人的知识、经验、技能、职业道德等往往起着决定性的作用，与合伙企业本身的财产状况、经营管理方式等都没有直接的和必然的联系，合伙人个人的独立性极强。在普通合伙制度下，合伙人即使基于故意或者重大过失而给合伙企业造成债务，在对外责任的承担上依然由全体合伙人承担无限连带责任，尽管对内其他合伙人可以追索有过错的合伙人，但是其他无过错的合伙人仍承担较大的风险。特殊普通合伙制度则可以避免这一风险，在特殊普通合伙制度下，个别合伙人在执业活动中因故意或者重大过失造成合伙企业债务，承担无限责任或者无限连带责任，其他合伙人则仅以其在合伙企业中的财产份额为限承担有限责任。基于这种特性，特殊普通合伙制在会计师事务所、律师事务所、医师事务所等专业的知识型企业中流行起来。

3.6.1 瑞华会计师事务所

以会计师事务所为例，在中国注册会计师协会公布的2018年业务收入前100家会计师事务所榜单中，前20家会计师事务所全部采用特殊普通合伙制，如表3-3所示。

表3-3　2018年业务收入前20家会计师事务所

排名	事务所名称	营收（亿元）	注册会计师数量（人）	从业人员数量（人）	分所数量（家）
1	普华永道中天会计师事务所（特殊普通合伙）	517 228.23	1153	9460	22

续表

排名	事务所名称	营收（亿元）	注册会计师数量（人）	从业人员数量（人）	分所数量（家）
2	德勤华永会计师事务所（特殊普通合伙）	446 654.24	1013	9415	13
3	安永华明会计师事务所（特殊普通合伙）	389 583.73	1167	6520	17
4	立信会计师事务所（特殊普通合伙）	366 794.73	2108	7579	31
5	毕马威华振会计师事务所（特殊普通合伙）	336 189.57	799	5071	12
6	瑞华会计师事务所（特殊普通合伙）	287 855.10	2266	8986	40
7	天健会计师事务所（特殊普通合伙）	221 541.43	1602	5139	15
8	致同会计师事务所（特殊普通合伙）	183 621.45	1232	5957	23
9	大华会计师事务所（特殊普通合伙）	170 954.38	1308	4340	29
10	天职国际会计师事务所（特殊普通合伙）	166 213.53	1127	4397	24
11	信永中和会计师事务所（特殊普通合伙）	153 239.00	1416	5861	23
12	大信会计师事务所（特殊普通合伙）	130 052.86	1104	3686	28
13	中审众环会计师事务所（特殊普通合伙）	116 260.00	1166	3392	29
14	中兴华会计师事务所（特殊普通合伙）	109 183.08	782	1957	27
15	中兴财光华会计师事务所（特殊普通合伙）	108 629.03	961	2586	36

续表

排名	事务所名称	营收（亿元）	注册会计师数量（人）	从业人员数量（人）	分所数量（家）
16	北京兴华会计师事务所（特殊普通合伙）	70 407.28	700	2313	26
17	容诚会计师事务所（特殊普通合伙）	69 904.03	485	1387	10
18	中天运会计师事务所（特殊普通合伙）	67 967.00	685	1867	24
19	中审华会计师事务所（特殊普通合伙）	61 601.19	738	1855	18
20	亚太（集团）会计师事务所（特殊普通合伙）	60 432.98	516	926	19

值得注意的是，瑞华在2016年的百强排名中以40亿元营收排名第二，仅次于普华永道的41亿元，力压四大会计师事务所中的其余三大。仅仅两年后，尽管从拥有的注册会计师数量上来看，瑞华仍是当之无愧的国内第一大所，其拥有的注册会计师数量是普华永道的一倍多，但是营收仅为普华永道的一半多。

瑞华近年来的衰落是有目共睹的。自2019年年初康得新和辅仁药业的财务造假丑闻曝光之后，瑞华成为众矢之的，随后又连续两次受到证监会处罚。在2019年10月中旬召开的合伙人大会上，360位合伙人中就有190位提出退伙，相当于一次性出走了60%合伙人。伴随着合伙人团队成员出走的是业务量缩水和客户资源流失。据不完全统计，截至2019年10月30日，瑞华所服务的上市公司由2018年的317家减少到 254 家。2019 年的前 10 个月，已有 75 家上市公司与瑞华进行了切割。

瑞华的崛起与衰落与其复杂的历史背景有着极大的关系。瑞华是在 2013 年由国富浩华和中瑞岳华合并而来的，而国富浩华由北京五联方圆与万隆亚洲、中磊等合并而来，其间还兼并了深圳鹏城。中瑞岳华则由中瑞华恒信和岳华合并而来。中间更为复杂的合并关系不再赘述，感兴趣的读者可以自行查阅相关资料。

关于瑞华的衰落，各路媒体也纷纷从各个层面给出了很多报道，从执业操守到鹏城的历史，从内控制度到行业监管等，都有各种详尽的分析，但都没有提到瑞华的股权结构问题。笔者通过查阅工商资料发现，2013 年 5 月合并成立之时，瑞华的合伙人中有十多位出资金额为 60 万元，其余每位合伙人的出资金额均为 30 万元。2013 年 7 月，其中出资额为 60 万元的合伙人全部退出，此后无论合伙人数量怎么变动，每位合伙人的出资额都是 30 万元，也就是说每位合伙人的股权比例均是一样的。从 2019 年年底的股东信息来看，瑞华共有 152 位合伙人，每人的股权比例均为 0.66%，说明在瑞华内部并没有合伙人的分级机制，合伙人的股权都是一样的。

在会计师事务所这种专业机构中，每位合伙人的专业素质、从业经验、客户资源、团队规模都不尽相同，因此合理的股权结构不应该是股份均等，而应该按照合理的指标进行差异化分配，形成合伙人的分级机制，这样才能充分激励和留住优秀尽责的合伙人，也能促进合伙人之间形成良好的监督制度。

3.6.2 启示

（1）知识型企业的最大资产是人，股权设计应该充分考虑到股东/合伙人的特殊性。要按照股东/合伙人专业能力、从业经验、客户资源等因素差异化地分配企业股份。

（2）知识型企业最大的风险也是人，应该通过股权设计形成良好有效的企业治理和内控制度。股东/合伙人的执业行为风险是知识型企业面临的主要风险，如何通过合理的股权设计去平衡股东/合伙人的权利与责任，平衡企业收益与风险，是值得全体股东/合伙人深入考虑和研究的命题。

3.7 集团孵化企业的股权设计

面对时代变迁，经济发展从高速向高质量转变，传统产业向精益化、数字化升级转型，越来越多的大型产业集团选择发展多元化与创新型业务，以突破行业或业务发展边界，实现企业的二次腾飞与长久发展。通常，大型集团在面临业务转型或探索多元化与创新型业务时，需要思考集团的资产、人员、资金等资源的配置与管控。在此背景下，合理设计集团和下属板块的股权与控制关系，既有利于稳定控制权，又能最大限度地增强创新业务经营的灵活度，并为新业务未来融资与上市预留充分的变动空间。因而，设计系统性的、有预期的集团公司股权架构对于集团的战略实现与稳健发展至关重要。

常见的集团公司股权结构搭建主要有四种模式：第一种是体内控

股，即由集团母公司作为投资主体，采用控股的方式设立子公司，搭建创始团队，由控股子公司探索运营新业务；第二种是体内参股，即由集团母公司参股投资设立子公司，创始团队控股该新设子公司；第三种是完全体外，即由集团母公司实际控制人或其他相关高管，在集团母公司体外设立全资或控股子公司，表面上集团母公司与新设子公司没有股权关系；第四种是剥离上市，即集团母公司剥离体系内的业务板块，以新设子公司的方式单独运营被剥离的业务。

为使集团孵化的新业务快速占领市场，发展壮大，甚至在未来能够独立上市，通常上述第一种股权结构会逐渐演变为第二种股权结构，即新设子公司由集团母公司控股逐步过渡到由创始团队控股。这样，对新业务市场感知度更高、反应更灵活、专业能力也更强的创始团队得以把控新设子公司的控制权与经营权，充分发挥其自身优势，掌舵新业务发展方向，乘风破浪，快速成长。

大北农集团孵化企业：农信互联

北京农信互联科技集团有限公司（简称"农信互联"）于2015年2月正式揭牌成立。创立伊始，农信互联就坚持以"用互联网改变农业"为使命，围绕管理、交易、金融三个方面的主要问题，提出企联网的数智化解决方案。猪联网是农信互联在整个企联网中第一个面向行业的应用，通过猪联网，能够全程数字化地解决生猪的生产管理、投入品交易、生猪交易及金融等一系列问题，打造生猪产业的闭环。

此外，农信互联通过在猪管理、猪交易、猪金融三个方面的数字化沉淀，推进猪产业数字化生态建设，在探索猪联网的基础上，又在各种农业细分领域横向拓展了"田联网""渔联网""蛋联网""柑橘网"等。

事实上，农信互联的前身是北京大北农科技集团股份有限公司（简称"大北农集团"）内部孵化的农业互联网创新业务，创始人与创始团队部分核心成员均来自原大北农集团的中高层团队。企查查信息显示，2016年6月，农信互联注册资本从2亿元增加至3亿元。本轮增资后，创始人薛素文与管理团队通过个人持股以及两个员工持股平台——北京农信众志网络科技合伙企业（有限合伙）与北京农信众帮咨询服务合伙企业（有限合伙），合计持有农信互联40%的股份。而大北农集团持股比例降至60%。随后，农信互联于2017年完成A轮融资，引入用友网络科技股份有限公司、深圳前海数聚成长投资中心（有限合伙）（系久其软件旗下基金）、霍尔果斯数聚通达股权投资合伙企业（有限合伙）（系中关村大数据中心旗下基金），并于2018年完成B轮融资，引入北京聚能合生产业投资基金（系陕西煤业旗下基金）。至此，大北农集团在农信互联的持股比例已下降为25.94%，而创始人薛素文以个人名义直接持有农信互联13.46%的股份，并通过担任上述两家员工持股平台的普通管理人间接持有农信互联44.86%的股份，成为农信互联的实际控制人。目前农信互联股权结构如图3-7所示，图中GP表示普通合伙人。

农信互联自2015年成立以来，完成了A轮、B轮融资，成为"独角兽"企业，并通过合理的股权设计与适时融资，逐步稀释原大股东大北农集团的持股比例，不断巩固核心团队的控制权，使产业集团内部孵化的创新业务板块成长为独立的农业产业数智服务平台。如今，农信互联已经历从诞生、发力、突破、进阶、蜕变到重构的历程，未来，将持续引领中国农业产业数智化转型升级。

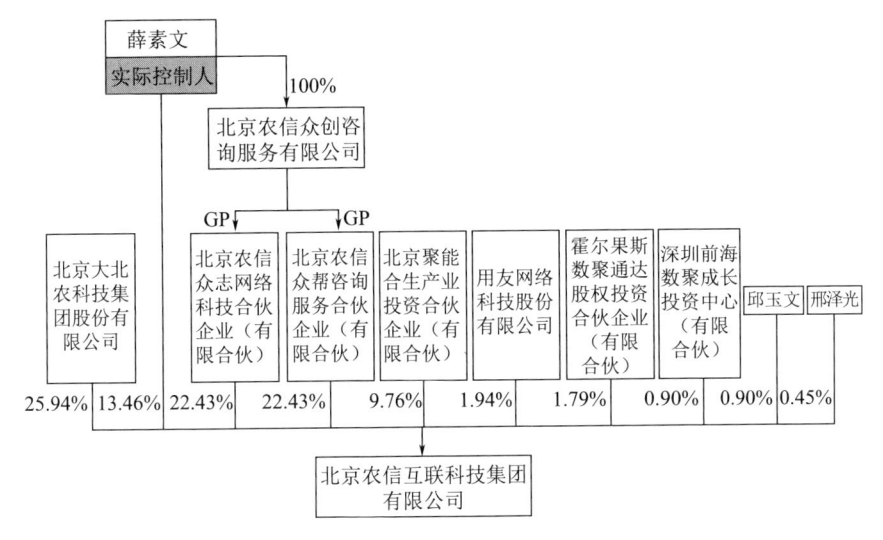

图 3-7 农信互联股权结构
资料来源：企查查

根据大北农集团官网资料，公司成立于 1993 年，秉承"报国兴农、争创第一、共同发展"的理念，致力于以科技创新推动我国现代农业发展。2010 年，大北农集团在深圳证券交易所挂牌上市（股票代码：002385），成功登陆资本市场，目前主营业务有饲料、养猪、水产、疫苗、作物、农业互联网六大产业，拥有近 20 000 名员工、1500 多人组成的核心研发团队、120 多家生产基地和 300 多家分子公司，在全国建有 10 000 多个基层科技推广服务网点；拥有 5 个国家级科研平台，4 家国家农业产业化重点龙头企业，23 家国家级高新技术企业；建有北京市首家民营企业院士专家工作站，中关村科技园海淀园博士后工作站分站。2019 年实现营业收入 165.78 亿元，净利润 6.21 亿元。

不仅仅是大北农集团，我国各个领域的产业集团母公司也加快步伐，纷纷探索业务创新与突破路径。比如大型连锁商超永辉超市为探索发展供应链业务，成立永辉彩食鲜发展有限公司（以下简称"彩食鲜"），聚焦生鲜食材 B2B 市场，主要服务单位食堂、政府和企事业单位福利采购、大型餐饮企业、加工企业和商超等客户。彩食鲜前身为永辉超市内部孵化的创新业务板块，后逐步独立，并于 2018 年、2020 年先后引入高瓴资本、红杉资本、腾讯等大型私募股权投资基金与产业基金，成为估值超 75 亿元的"独角兽"企业。又比如工业领域的"独角兽"企业——树根互联技术有限公司（以下简称"树根互联"），是由国内工程机械龙头企业三一重工孵化的工业互联网平台公司。近年来，为更好地服务三一集团体系外工业企业，树根互联股权结构不断优化，由创始团队控股，并通过 A 轮、B 轮、C 轮融资先后引入国投创新基金、中移创新产业基金、经纬中国、和君资本、腾讯投资、IDG 资本等知名投资机构。

综上所述，大型产业集团在孵化创新型业务时，不仅要考虑创新业务未来的发展前景，还要考虑新业务的开展形式与资源配置。在初始阶段，创新业务常通过集团内部的创新事业部开展，或通过集团全资持有的子公司开展。待创新业务进入快速成长期，集团母公司通常会将业务板块剥离并新成立子公司独立运营，或开放已有的子公司股权，让创始团队控股，再引入外部投资人。

总而言之，产业集团孵化子公司应以终为始地设计其股权结构，充分利用有限的股权来整合配置内外部资源，使控制权、经营权、收益权相互协同，在不同发展阶段构建最有利于子公司发展的平衡态，从而促进新业务逐步落地，最终实现战略目标。

3.8 心法：不同类型企业股权设计的基本原理

在实践中，初创企业常常以"人合"为鲜明特点，情感因素占据企业管理的重要地位，尤其在中国这样的注重人情的国家中，兄弟联合创业、夫妻创业、朋友同学创业等，均为常见的合伙创业模式。早期阶段，白手起家的创始人往往缺乏资金、资源、技术与能力，此时，亲朋好友共同创业不仅有良好的信任基础作为支撑，增加团队凝聚力，还能缓解企业人力成本压力，降低初期现金流断裂的风险。然而，随着企业逐步发展壮大，原有的创业团队在能力、见识、管理等方面已跟不上企业的成长，创始人需要源源不断地引入人才、技术、资本等各类资源，为企业补充充足的养分。在这个过程中，无论什么类型的企业，终究需要经历一轮自我更新与优化迭代。

本书在"2.6 心法：股权设计的基本原理"小节中已提及，资本市场中成熟企业的股权架构，股东主要包含创始人、联合创始人、合伙人、管理团队、核心员工、投资机构、公众投资人等各类利益相关者，相互之间经过一系列的权力、利益角逐，最终达成各方均可接受的"权责利"相平衡的状态。假设不同类型的企业最终都以走向资本市场、实现企业价值最大化为目标，那么企业股权设计的目标就是帮助企业从感性管理走向理性经营，从江湖结盟走向现代组织，从关系治理走向契约约束，从最初以"人合"与"情理法"治理为核心的初始组织走向以规范化与"法理情"治理为主导的现代化组织。

3.8.1　从感性到理性，从江湖到组织，从关系到契约

在中国商界，新东方、海底捞、希望集团都是各自领域的翘楚。创业之初，它们或是同学创业，或是夫妻创业，或是兄弟创业，以感情为纽带共同拼搏奋斗，股权结构并不完善。最终，在创始人的带领下，股权结构随着企业成长得以不断改善，组织也完成从个人感性到组织理性、从人情江湖到现代组织、从熟人关系到现代契约的转变。

新东方于 1993 年创立，最初以家族经营模式为主，接着大学同学合伙创业，然后到股份制公司改造，最后到国际化上市。如今，曾经的三剑客——俞敏洪、王强、徐小平各自拥有独立的事业，而新东方也开始新一轮的结构调整，实行独立创新的机制，即由新东方控股新公司，同时引入合伙人共同开展新项目。一路走来，新东方的公司治理与股权设计并非一帆风顺，过程中也经历了利益分配、理念冲突、情感纠葛、合伙人制搭建等一系列选择与考验，花费了许多时间与金钱，才在一次次转型中完成了组织的更新换代，从以亲情、同窗之谊为主导的创业企业蜕变成家喻户晓的上市公司新东方。

事实上，海底捞最初也可以算是夫妻创业的典型。1994 年，张勇与其他三位小伙伴在四川简阳开了一家火锅店，四人均分股份，各占

25%。后来，四位年轻人结成了两对夫妻，两个家庭各占 50% 的股份。随着企业的发展，张勇认为其他三位已跟不上企业发展的新形势，就果断将三人从企业劝退，让他们只做股东享有分红权，而不再过问企业的经营。张勇的太太、施永宏的太太、施永宏先后离开了公司，而张勇夫妇则从施永宏夫妇手中购买其持有的海底捞 18% 的股份，成为拥有 68% 的股份的绝对控股股东。这一操作使海底捞成功优化了"世界最差的股权结构"，消除了股权纠纷的隐患。与这一"大义灭亲"举动相反的是，张勇后来实行"以奋斗者为本，以贡献为核心"的一套股权分配与激励体系，不仅给予杨丽娟这类创业元老们足够的荣誉与股权，还以门店分红激励等模式打造出一个自我扩张的组织，源源不断向公司输送人才，为理性化组织的建造奠定了坚实基础。

在历史上，兄弟创业最后因利益分配问题不欢而散的案例数不胜数，但希望集团刘氏兄弟的理性分家是各大商学院经典案例之一。希望集团由刘氏四兄弟创立，创立之初，四兄弟均分股份，各占 25%。当企业逐步做大后，四兄弟在企业经营与发展等一些想法上出现分歧。此时，若没有一个相对大股东做最终决策，将会阻碍企业未来的发展。与常见的兄弟争夺家族企业控制权不同，四兄弟"理字当头"，果断做出明晰产权、重组资产的决定，将希望集团一分为四，各管一家，最终成就了大陆希望、东方希望、华西希望、南方希望（新希望）四家优秀的集团公司。

3.8.2 排序：法、理、情

由上述三个案例也可以看出，过去，白手起家创业的创始人常常以"情、理、法"的顺序开展企业管理与企业治理。随着企业规模的扩大，企业要想满足客户的需求、有效地创新，就需要进行系统的分工协作，将西方的契约精神与中国传统的人本精神相结合，按照"法、理、情"的排序，开展现代化的企业治理与股权设计。

中国平安保险集团董事长兼CEO马明哲曾谈道："情、理、法三个字，法为基础，是底线，不得有丝毫逾越，否则事业基础就会崩塌；理为支撑，是企业经营的骨架，容不得侵蚀，否则不能成就大业；情为连接，是企业经营必要的柔顺剂，帮助企业形成良好的工作氛围和凝聚力、向心力。当情、理、法发生冲突的时候，法第一、理第二、情第三。"[①]

事实上，中国传统的中庸之道，以及由此形成的人格、思维与行为方式，都使得"人情法则"在中国人际关系中根深蒂固。管理者在面对一起创业、一起打拼的亲人、朋友、同学时，难免会感情用事，存有私心，不愿亏欠也不忍心责罚。然而，古人言："不以规矩，不能成方圆。"制度、法规是集体和公众利益的集中体现，也是集体的、更高层次的"情"。所以，"法、理、情"之间并不存在必然的冲突，而是对集体"情"的保障。

总而言之，无论处于哪个行业，企业创立伊始，常常以"情"作为纽带来凝聚人心，此时的股权设计常常由创始人"拍脑袋"来决定。但企业若想完成从初创到成熟的飞跃，进而实现基业长青，组织的理

---

① 正和岛. 本质 [M]. 北京：机械工业出版社，2019.

性化与制度化是必要条件。因而，搭建一套基于"价值创造、价值评价、价值分配"的循环机制，是不同类型企业股权设计的核心目标。

以终为始来看，各类企业股权设计的最终目标就是从感性管理走向理性经营，从江湖结盟走向现代组织，从关系治理走向契约约束，从最初以"人合"与"情、理、法"治理为核心的初始组织走向以规范化与"法、理、情"治理为主导的现代化组织。

第二部分

股权激励

第4章
股权激励的演变

天下者，非一人之天下，乃天下之天下也。取天下者，若逐野鹿，而天下皆有分肉之心；若同舟而济，济则皆同其利，败则皆同其害，然则皆有启之，无有闭之也。(《六韬·武韬·发启》)

4.1 股权激励在国外

现代意义上的股权激励起源于20世纪50年代的美国，当时，由于企业所有权与经营权相分离，股东与雇佣制下的职业经理人等人力资本的职能相分离，导致委托代理问题产生，增加代理成本和道德风险，并在一定程度上阻碍企业的长久良性发展。在此背景下，1952年，辉瑞公司（目前全球最大的以研发为基础的生物制药公司）为了避免因支付公司高管现金薪酬而需缴纳的高额所得税，率先推出股权激励计划。

实际上，美国的经济学家路易斯·凯尔索早在20世纪初便提出"小额股票""大众持股"等概念，并在此基础上提出了所谓的"二元经济学"理论，其基本思想是：人们可以通过付出劳动和付出资本来获得收入。1956年，路易斯·凯尔索等人基于二元经济学理论设计了员工持股计划（ESOP）。随后，员工持股计划、股票期权计划等股权激励模式纷纷出现，日本也于60年代后期开始推出ESOP等股权激励计划。至此，股权激励在美国、日本广泛推行，引领了股权激励的国际潮流，法国、英国、意大利、澳大利亚等50多个国家也纷纷跟随效仿。

在当时，美国推行股权激励，尤其是ESOP主要有三个目的：

（1）增加员工的福利与薪酬收入，增强企业内部员工的凝聚力，提高劳动效率。

（2）长效绑定股东与核心团队，对内稳定军心，对外吸引人才。

（3）减轻企业的短期现金流压力，帮助员工减轻税负，合理避税等。

股权激励的实施弥补了美国企业长效激励机制的缺失，帮助其搭建一套将现金、红利与期权相结合的短中长期激励机制。由于股权激励良好的实施效果与激励作用，其在20世纪80年代至90年代末日益兴盛，也使得欧美企业股权激励薪酬在高管薪酬总额中的占比逐年提升。相关数据显示，20世纪80年代，美国企业高管薪酬以现金和红利为主，拥有期权报酬的CEO数量仅占30%左右。而到了20世纪90年代中期之后，获得期权的CEO数量占比已经提升至70%左右。2000年以后，高管因期权激励而获取的薪酬占总薪酬的比例已稳定在55%左右。世界著名咨询公司韦莱韬悦（Willis Towers Watson）发布的2015—2016年《美股中国上市公司高管薪酬、股权激励与公司治理研究报告》显示，长期激励仍是美股上市公司高管薪酬的重要组成部分，且激励薪酬占总薪酬比例超过60%。

美国的股权激励制度使股东与管理层利益相统一，保证了团队的稳定性，同时，公司治理优化也促使公司的内在价值飞跃式提升。然而，任何制度的发展都不完美，盛极一时的美国股权激励制度同样存在缺陷。2000年股市泡沫破裂后，由于股权激励计划本身设计的缺陷、内外部监管不到位等原因，以美国安然、世通为代表的部分上市公司先后爆出业绩造假、操纵股价等恶性财务丑闻。不合理的股权激励机制以及过度的股权激励，导致上述公司高管利用会计准则漏洞进行业绩造假以推高公司股价，再通过公开市场大量变现其所持有的股票，获取巨额收益。最终，以"安然事件"为代表的恶性财务丑闻引发了国际资本市场对美国式公司治理结构的反思。

为了拨乱反正，弥补股权激励制度的缺陷，重塑股权激励价值，美国证券交易委员会陆续出台了相关规定来完善上市公司治理结构，这也推动了世界范围内的股权激励计划向更合理、更规范的方向发展。此外，美国等发达国家股权激励的发展历程也揭示出股权激励的本质，即构建一套动态变化、激励与约束相结合的长效激励机制，以引导各利益相关者，以企业价值最大化为主要目标而展开行动，从而充分发挥股权激励的积极作用，推动企业长久持续地发展。

4.2 股权激励在中国

有相当一部分的学者认为清朝时期晋商的身股制是我国股权激励的起源，具备现代股权激励的部分内容，在晋商数百年发展过程中发挥了巨大的作用。我国现代意义上的股权激励始于1993年，并在2006年《上市公司股权激励管理办法（试行）》颁布后，得到了快速的发展。不管是上市公司还是非上市公司，开展股权激励越来越成为一股潮流，股权激励也逐渐从"奢侈品"变为"必备品"。

4.2.1 股权激励的起源——晋商身股制

晋商在清朝中期崛起，经营盐业、票号，尤以票号最为著名，数百年间创造了辉煌的成就。晋商对票号的管理具有显著的中国特色，其中比较特殊的一项管理制度是身股制。

身股，又称"顶身股"，与银股相对应。身股制表现为股东出资，掌柜和员工出力。股东们出的资本，即银股，是开设票号时股东们投入用以增值的货币资本；掌柜和员工对资本负责，股东允许掌柜和高级员工以个人劳动顶身股。身股是掌柜和高级员工以人力所顶的股份，无须出资，也就是说银股是票号的真实资本，身股则是票号的虚拟资本。身股不能转让，也不能继承，顶身股者离职或死亡后其股份随之终止（有突出贡献的人，在其去世后，家人可以根据其之前所顶的身股，享受1~3个账期的分红）。

银股和身股持有者享有均等的分红权利。一般3~5年为一个账期，每逢账期，按股分红，盈利越多，分红越多。最初银股和身股按二八、三七或者四六的比例分红，但随着票号规模的扩大，顶身股逐渐增多，身股的分红渐渐超过银股分红。如乔家大德通票号，1889年银股为20股，身股为9.7股，到1908年时银股仍为20股，而身股增加到了23.95股。随着身股比例的增长，每名员工所顶的份额也越来多,因此员工个人利益与票号整体利益的关系就更加紧密。

在票号遍布全国、信息交流不畅的情况下,股东对票号员工们的工作数量与质量难以进行有效的监督和考核,在这种前提下,"身股制"这种激励机制无疑是最好的选择。从1823年第一家票号日升昌诞生到辛亥革命后票号衰落的近百年间,晋商票号经手汇兑的银两达十几亿两,其间没有发生过一次掌柜伙计卷款逃跑、贪污或诈骗的事件,这不能不说是一个奇迹。可以说,晋商的辉煌,身股制功不可没。

4.2.2　我国现代股权激励的发展

相较于欧美国家,我国市场经济起步较晚,因此我国股权激励机制引入时间也较晚,直到20世纪90年代我国才开始探索实施股权激励,大致经历了探索、成长和快速发展三个阶段,与我国的国家政策、法律法规、资本市场环境以及上市公司治理状况紧密相关。

1. 股权激励的初步探索阶段（20世纪90年代初期—1998年)

20世纪90年代初期,随着我国市场经济体制的确立,不少企业开始进行股份制改革,股权激励在我国进入了初步探索阶段。这期间全国有近千家股份有限公司对内部职工定向发行了内部职工股,这种模式是股权激励在初步探索阶段的主要方式。但是由于这种内部职工股极易引起公司职工的投机行为,严重影响了当时资本市场的秩序以及股份制改革的推进,1993年4月,国务院办公厅发文停止公司发行内部职工股。

1994年,为了解决内部职工股的遗留问题,我国推行了一种新型股权激励方式——公司职工股。由于公司职工股与内部职工股本质上并无差别，对资本市场发展无益，1998年11月，证监会发文取消了这一股权激励方式。

1997年，我国开始普遍推行另一种新型股权激励方式——职工持股会，就是由公司成立内部职工持股会，对职工所持有的股份进行集中管理，代表员工参与股东分红与表决，并承担相应义务，但在实际的开展过程中，员工持股会也出现了种种弊端。

在探索阶段，股权激励机制大多不完善，主要是由于股权激励的实施环境不成熟。法律制度体系保障的缺乏，公司内部治理结构的不健全，资本市场有效性的不足，使得这一阶段的股权激励机制具有较大的时代局限性，不能发挥股权激励机制应有的作用，因而这一阶段的股权激励带有明显的福利色彩，激励作用有限。

2. 股权激励的成长阶段（1999—2004年）

自1999年起，《中共中央国务院关于加强技术创新，发展高科技，实现产业化的决定》《中共中央关于国有改革和发展若干重大问题的决定》《关于国有高新技术企业开展股权激励试点工作的指导意见》等意见及规定陆续出台，支持核心技术、经营管理能力等生产要素参与到企业利润的分配中来，首次公开把"拥有股权"定义为一种新型分配形式。在此之后，股权激励机制在企业中得到较快发展，经济发展相对较快地区相继在股权激励机制上进行了一些探索，出现了不同的股权激励模式。

21世纪初期，大量上市公司开始意识到股权激励的作用，纷纷开始实施股权激励，并把激励重心转移到对公司高级管理人员和核心技术人员的长期激励上来。据有关部门统计，截至2003年年底，我国上市公司中有将近200家公司对其高管和员工实施了股权激励计划，占当时上市公司总量的15%，且实施的股权激励在一定程度上取得了初步成效。

在成长阶段，股权激励机制虽然有一些突破，但总体上较为曲折迂回，与西方发达国家相比，股权激励的普及程度仍然很低，这一发展阶段的股权激励大部分属于"变通"形式，带有明显的时代特色。

3. 股权激励的快速发展阶段（2005年至今）

2005年的股权分置改革为我国资本市场的发展扫清了障碍，成为我国股权激励发展的转折点。经过改革，上市公司的股份逐步改制为流通股，公司大小股东的利益一致，公司股票价格的高低与其业绩挂钩，资本市场有效性得到大大改善，为我国上市公司实施股权激励提供了良好的市场环境。

2006年年初，我国开始试行新的《公司法》以及《证券法》，其中对企业回购股票、高级管理人员在职期间转让其持有股票等方面做出相应指导。2006年1月4日，《上市公司股权激励管理办法（试行）》的发布，为上市公司实施股权激励计划提供了政策指导和操作规范，仅这一年就有23家公司公布实施股权激励计划。

此后《股权激励有关事项备忘录1号》《股权激励有关事项备忘录2号》《股权激励有关事项备忘录3号》《关于上市公司实施员工持股计划试点的指导意见》《上市公司股权激励管理办法》《中央企业控股上市公司实施股权激励工作指引》等多个政策文件先后发布，不仅在对象范围、考核体系、管理办法、实施程序、信息披露等各个方面进行不断细化和规范，同时积极引导包括民营企业、国有企业等多种所有制企业实施股权激励计划。2006—2020 年，共有 2547 家上市公司发布了 3904 份股权激励方案，更有 764 家上市公司发布了 2 期及以上的股权激励方案。截至 2020 年年底，1819 家 A 股上市公司发布过（包括停止实施）股权激励计划，1624 家 A 股上市公司正在实施股权激励，占所有 A 股上市公司总数的近 40% 的公司已实施股权激励。

在快速发展阶段，得益于相关配套制度的完善，以及资本市场有效性的加强，股权激励制度在我国得到迅速的推广。

4.3 股权激励的作用

4.3.1 股权激励与业绩增长

研究与实践证明，股权激励可以有效解决所有者与经营者之间的委托与代理矛盾。通过股权联系，股权激励将股东与经理人绑定，使双方成为共享共担的利益共同体，使经理人拥有与股东相同的对公司利润的索取权，从而驱动经理人以长线思维不断努力提升公司业绩，实现公司价值最大化。因而，股权激励机制的作用之一是有效激励与约束经理人与核心团队，促使其推动公司业绩持续健康增长。

对上市公司数据的研究显示，上市公司实施股权激励对公司业绩提升有显著的积极作用，同时，股权激励强度与公司业绩呈显著正相关关系。如表 4-1 所示，牛牛研究中心根据 Choice 数据，对 2005 年至 2017 年间实施了股权激励的上市公司进行净利润统计后发现，整体来看，除受周期影响的少数年份，股权激励对实施当年、次年以及第三年的净利润增长情况均有积极影响，尤其在股权激励实施当年，上市公司净利润平均增长率达 44.37%。

表 4-1 实施股权激励后的上市公司净利润增长率

年份	实施当年净利润增长率	实施次年净利润增长率	实施第三年净利润增长率
2005	56.26%	54.93%	56.51%
2006	174.97%	261.69%	-30.00%
2007	15.36%	-20.18%	138.63%
2008	-9.53%	29.02%	13.40%
2009	56.46%	64.56%	45.70%
2010	57.63%	19.82%	-11.73%
2011	26.50%	21.92%	24.46%
2012	0.71%	5.79%	8.16%
2013	50.76%	17.10%	18.63%
2014	30.96%	12.87%	38.41%
2015	45.37%	24.79%	26.16%
2016	18.82%	19.33%	-10.96%
2017	52.58%	-8.56%	-3.89%
均值	44.37%	38.70%	24.11%

此外，如图 4-1 所示，对比 2005 年至 2017 年间 A 股上市公司净利润增长率中位数与实施股权激励的上市公司当年净利润增长率发现，除少数受金融危机等特殊事件影响年份，实施股权激励公司净利润增

长率表现比 A 股上市公司整体更优秀。

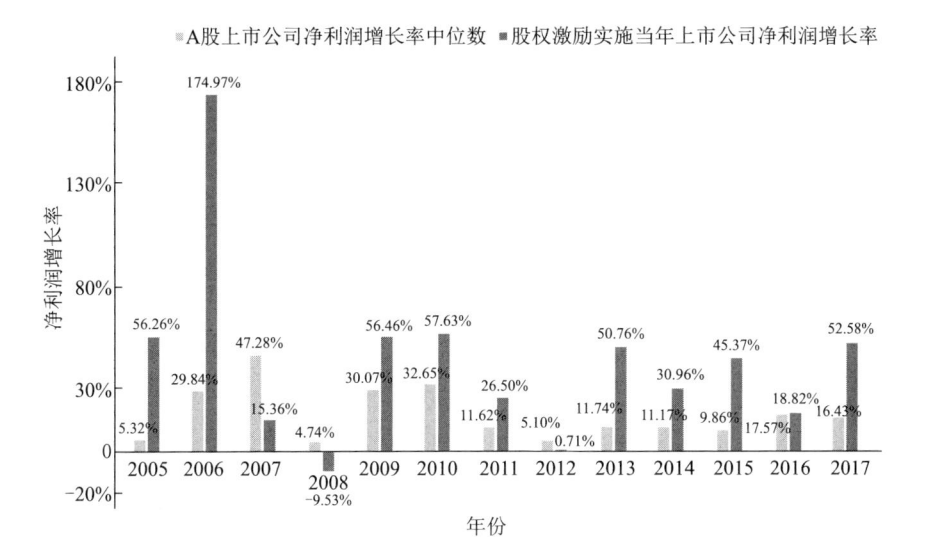

图 4-1 实施股权激励的上市公司净利润增长率与 A 股上市公司净利润增长率中位数对比

4.3.2 股权激励与市值增长

实施股权激励不仅是为了完善公司治理结构，对于上市公司而言，更重要的是其能基于市值管理的需要，适时帮助公司提升市值。股权激励在市值管理中，既属于价值创造环节，即激励经理人不断为公司创造价值，又属于价值实现的手段，即管理层、核心骨干与公司和股东的利益长期绑定，向资本市场的外部投资者传递一个非常清晰的信号——管理层和核心骨干看好公司的未来发展，从而吸引外部投资者的关注与投资。

中金公司的研究显示，股权激励有助于提升公司中长期表现。将实施股权激励的 A 股和港股上市公司拟合成指数曲线，从中长期来看，相关公司表现跑赢同期整体市场表现。具体来说，2010年至今，A股实施股权激励的上市公司分别跑赢上证指数和深证成指510个百分点和520个百分点；2018年之后港股实施股权激励的上市公司的表现跑赢恒生指数43个百分点[①]。

更进一步的研究显示，股权激励作为一种业绩奖励机制，可以通过激励高管与核心团队的工作积极性来提振公司业绩，从而提高公司股票的内在价值。因而，阶段性业绩不及预期的公司，或者处于历史估值低位的公司更有意愿开展股权激励。

4.3.3 股权激励与人才争夺

随着科技的进步与资本市场的不断发展，"人才市值"时代已经来临，资本与劳动的关系也从"资本雇佣劳动"的传统模式，过渡到"资本与劳动合作"的协同关系，而人才也已成为企业创新发展的"核武器"。在此背景下，股权激励机制也随时代发展不断迭代，成为现代企业争夺人才、激励人才、留住人才，以及提高企业核心竞争力的重要手段之一。

能够引进一流人才的企业，迟早会成为一流的企业。企业最重要的资产是人才，企业未来发展所依托的专业突破和技术沉淀都要依靠人才来完成。因而，企业想要在自己的领域真正成功或者基业长青，应该不断致力于人才体系的建设，并遵循财富分享、能力分享、价值

---

① 李求索，王汉锋. 中金：股权激励回顾及2021年展望[EB/OL].（2021-01-11）[2021-03-15]. https://mp.weixin.qq.com/s/VljO3gu12oiE7olAfkfzRw.

观分享理念，构建企业人才争夺战的制胜法宝——招才说明书，实现"人才为企业创造价值，企业成长反哺人才"的良性循环。

（1）财富分享。选择有竞争力的激励水平和更合理的考核方式，与员工分享企业的发展成果，鼓励员工追求财富自由，为家人营造更好的生活环境。

（2）能力分享。通过帮带、培训、职业生涯规划等方式建立全面的能力分享机制，从"授人以鱼"到"授人以渔"，使员工始终伴随着企业成长，持续获得成就感，"精于此道，以此为生"。

（3）价值观分享。引导全体员工对企业的愿景目标和价值理念"知、信、行"，使员工在企业中有归属感，同时使员工成为文化自觉战士，成为传播企业品格的一个微力。

4.3.4　股权激励与战略实现

股权激励的本质是以股权为纽带，在让核心团队合理分享企业发展成果的同时，促使股东及核心团队对企业未来的发展进行深度思考及沟通，进而通过"心理契约"的达成以及"长效激励机制"的保障，实现企业从"利益共同体"向"事业共同体"乃至"命运共同体"的成功过渡。其根本目的是通过持续做大企业，保证企业、股东、激励对象等多方共赢，进而实现企业的长期可持续发展。

股权激励并不是全员福利计划，实施股权激励要与企业价值的成长相挂钩，以企业的基因为基础，以未来的发展战略为导向，真正识别企业未来3年、5年、10年的战略方向，并以此为目标制定业绩考核指标。因此，实施股权激励的正确路径是：通过明确的战略目标分解、业绩指标分解、岗位职能厘清及岗位价值判断、业绩考核，打通"战略→股权激励→业绩考核"整个链条，使股权激励成为推动战略落地的重要手段，实现企业价值的最大化。

4.3.5 股权激励与财富自由

激励理论以人的需求为起点，从不同的途径满足人的需求，从而提高人在工作中的主观能动性，激发人的内在潜能，最终提升企业的价值。物质激励是最直观也是最常见的激励方式之一，能够满足人们最基本的生存与安全需求。而股权激励作为一套长效激励机制，既能在心理上给予员工归属感与荣誉感，又能够在物质上给予员工面向未来的财富激励，促使员工不断奋斗，实现企业与员工双赢。在股权激励盛行的时代，职业经理人或核心骨干人员通过股权激励获得巨额财富，成为人生赢家的案例比比皆是。

2018年9月26日，海底捞正式登陆中国香港资本市场。上市后，创始人张勇夫妇身家从2017年的50亿元，增长到600亿元，一跃成为中国前50名的富豪。但身家暴涨的并不只是张勇夫妇，还有17岁就跟着张勇做服务员的杨丽娟，得益于海底捞的股权激励计划，她的身家飙升至30亿元，成功实现个人财富自由，并被人们誉为"中国最牛服务员"。

17岁那年，杨丽娟在前任老板店铺关闭后来到海底捞门店，从底层的服务员做起。尽管当时月薪只有160元，但她依然坚持，从服务到配菜到收银，几乎所有事情都做过，每半年就晋升一级，最终做到门店的大堂经理。没过多久，张勇筹备开设简阳的第二家海底捞火锅店，老店便交给杨丽娟打理，她成为店长时仅有 19 岁。两年后，张勇决定让海底捞走出四川，在西安开办一家分店，并派杨丽娟去独立管理。靠着胆识、勤奋、坚毅、负责任，杨丽娟把海底捞西安店搞得有声有色。30 岁时，杨丽娟成为公司唯一一位副总经理，而当时的总经理是张勇。34 岁时，她全面接管海底捞的全部门店运营。也是从这一年起，海底捞正式走出国门，从新加坡开到美国，选址、谈判她都亲自参与。40 岁时，杨丽娟成为海底捞非执行董事、首席运营官。海底捞上市时，杨丽娟持有海底捞约 3.7% 的股份，这让她的身家达 30 亿元。24 年的拼搏与坚韧，让一位仅有小学文凭的农村女孩从服务员蜕变成海底捞首席运营官，成功完成人生逆袭。

通常，经理人的报酬主要包括三部分：第一部分是基于上一年度或当期的业绩给予经理人的报酬；第二部分是与未来业绩相关的报酬，也就是通常所说的股权激励计划；第三部分是和业绩无关的，用以吸引优秀人才的各种各样的福利。未来，随着"人才市值"时代的加速到来，职业经理人与核心人才将更多地关注与未来业绩相关的长期激励性报酬，将个人价值与企业的成长价值相绑定，既满足自我基本安全的需求，又满足自我实现的需求。因而，合理、有效的股权激励机制，不仅是企业业绩增长、市值增长的催化剂，还是个人实现财富自由，成为人生赢家的终极武器。

自从2009年创业板开启以来，中国经济社会已经进入了"人才市值"时代。资本与劳动的关系正从"资本雇佣劳动"的传统模式，过渡到"资本与劳动合作"的协同关系，人才已成为企业创新发展的"核武器"。

第 5 章
股权激励的基本原理

所谓股权激励，就是以股权为纽带，在让核心团队合理分享企业发展成果的同时，促使股东及核心团队对企业未来的发展进行深度思考及沟通，进而通过"心理契约"的达成以及"长效激励机制"的保障，实现企业从"利益共同体"向"事业共同体"乃至"命运共同体"的成功过渡。

5.1 以人为本

5.1.1 以人为本是我国传统文化的精髓

在中国传统文化中，天、地、人三者并列，"人"极其重要。人本身不是工具，而是目的。"以人为本"的思想源远流长，是我国传统文化的精髓。

我国古代最早提出"以人为本"理念的是春秋时期辅佐齐桓公称霸的名相管仲，在《管子》中记载："夫霸王之所始也，以人为本。本理则国固，本乱则国危。"这段话的意思是说，君王要建立霸业，就要以人民为根本，这样国家才能巩固，反之则国家势必危亡。儒家经典《论语》中体现出了浓厚的人本思想，孟子提出"民为贵，社稷次之，君为轻"的民本理念，荀子则提出"君者舟也，庶人者水也，水则载舟，水则覆舟"，汉代的刘向也说"天生万物，唯人为贵"，这些都体现出我国传统文化对人的价值的重视和尊重。

5.1.2 以人为本是现代企业管理的重要理念

以人为本作为一种政治文化理念，在现代企业管理中发挥着重要的作用。在现代企业管理中，管理者们逐渐地意识到，资本不是目的而是工具，人不是工具而是目的。在企业管理中树立以人为本的管理理念，具有重要意义，具体表现在以下几个方面。

（1）以人为本的管理理念突出了人在管理中的作用，提高了人作为管理工作重要因素的地位，鲜明地表现了人力资本在日趋激烈的市场竞争中对现代企业谋求发展的战略性意义。

（2）以人为本的管理理念破除了以往只看重经济效益的企业管理模式，对人在企业中的主体地位给予了更多的重视，将员工的发展纳入了企业发展的目标体系，使企业积极承担福泽员工的责任。

（3）以人为本的管理理念中的"人"包含企业中的每位员工，有利于提高员工的归属感和幸福感，能增强员工的主人翁意识，激发其工作的主动性和创造性，有效提高企业的生产力。

海底捞是以人为本的典型案例。在海底捞所在的餐饮服务业，员工流动性高、待遇差是这个以"低学历"就业者为主的行业通病。而海底捞主要的创新在于"把员工当人看"，这不仅体现在海底捞给予员工良好的福利待遇，如为员工家庭成员买保险，给员工提供店铺附近的较高质量的居住场所并由专人服务，也体现在对员工的信任与授权上，如店长有30万元以下开支的决定权，普通员工也有给顾客免单或打折的权力等，种种做法都体现出海底捞以人为本的企业文化。在这种企业文化下，员工受到尊重，因而能安心地为顾客提供周到的服务。依靠这种独特的管理哲学，海底捞在缺乏高学历人才、缺乏资金的背景下，走出一条利用"低学历"劳动力获得持续竞争优势和可持续发展的道路。

5.1.3 股权激励的首要原则是以人为本

员工是企业最宝贵的财富，一个企业所拥有的独特竞争力是由广大员工所创造的，企业的长远发展和基业长青离不开员工的奉献。如何让每位员工在岗位上做出不平凡的业绩是企业管理者非常关心的问题，其实质是如何管理、如何"治人"的问题。近年来，以人为本的理念频繁地被企业管理者所提倡。所谓以人为本，就是一切从员工需要出发，尊重员工，重视员工的利益。股权激励作为一种长期的激励手段，其在制定和实行过程中的首要原则就是以人为本。

首先，在制定激励方案之前要同潜在激励对象进行开诚布公的沟通，充分了解他们的诉求和期望；其次，在方案的设计中，比如说，在激励范围上，要秉持"公开公平公正"的原则，客观地评价每位潜在激励对象的贡献和能力，切忌老板拍脑袋决策。在激励额度上，要充分认识到人才的价值，保证激励方案的内部激励性和外部吸引力。在退出机制上，要尊重员工的利益，避免设置纷繁复杂的退出限制，合理保障员工的利益。

以人为本地制定和执行股权激励方案，激励方案才更有公信力和可执行性，激励的效果也才会更有保障。

5.2 同创共享

股权激励的一个很大作用就是树立员工（激励对象）的主人翁意识，为此就必须树立"同创共享"的理念，实现员工心态从"打工人"到"股东"的转变。

5.2.1 同创共享的意义

所谓同创共享，就是指在一个企业中，企业、股东、员工在共同的战略目标指引下精诚合作、努力奋斗，把共同的事业推向兴旺发达，并共同分享事业兴旺带来的收益，实现企业和员工、员工和员工共赢。

企业与员工同创共享，其目标是企业兴员工富。其制度原则应该是：企业爱员工如子弟，员工爱企业如己家；员工为企业兴旺竭尽所能，企业为员工福祉按绩配酬；企业尊重员工的主人翁权利，充分听取员工的合理化建议，员工恪守主人翁的义务，以维护企业利益、关心企业兴衰为己任。

员工与员工同创共享，其目标是共兴企业、共享富荣，是利益与共、事业与共、命运与共。其行为准则应该是：在同创共享中，各尽所能、精诚合作，充分发挥自己的潜能，最大限度地去除内耗，达到"1+1＞2"，"n 个 1 相加大于 n"的团队效应，使企业团队在激烈的市场竞争中，发挥"全员团结如一人，试看天下谁能敌"的超强战斗力，从而在市场经济的激烈竞争中，使企业立于不败之地。同创共享，可以使企业更加兴旺发达，通过做大蛋糕，每个人的福祉达到更高水平。

在企业文化中，同创共享的理念，是团队精神的旗帜，是把企业打造成"事业与命运的共同载体"的精神旗帜。树立同创共享的精神旗帜，能够凝聚团队，精诚合作，是去除内耗的根本保证。

5.2.2 同创共享不是大锅饭

值得注意的是，企业提倡同创共享的理念，是倡导先进而不是纵容落后，是鼓励奋进而不是纵容懈怠。

同创共享的理念，提倡和鼓励的是以奋斗者为本。员工不仅要尽职尽责，提高业绩，争先创优，而且要在工作中努力学习，不断提高自己的知识水平和工作能力，不断完善自我，超越自我，逐步成长为企业的得力干将、栋梁人才，使自己在"同创"中对企业有越来越大的贡献，从而当之无愧地分享到更多的利益。

对同创共享的理念，绝不能误解或曲解为"平均主义""铁饭碗""大锅饭"，企业绝不养懒汉和南郭先生。

5.2.3 股权激励的基本内涵是同创共享

同创共享的理念，其思想基础是建立共同愿景，打造事业共同体与命运共同体。也就是说，在共同愿景的基础上，把企业打造成企业成员的"事业和命运的共同载体"。

同创共享的理念，清楚地表明了企业价值的来源和分配原则，即企业价值是"同创"而来的，应该"共享"。基于同创共享的理念开展股权激励，让能够为企业创造价值的员工，分享其为企业创造的部分价值，使其自身利益与企业长远利益保持一致，从而在保证公平性的基础上实现最大的激励效果。

5.3 战略导向

5.3.1 股权激励与战略的关系

战略是企业关于未来生存与发展的系统思考，战略是抓方向，抓主动权。任何一家企业，在不同发展阶段都有其发展的关键命题。对于初创期的企业而言，生存摆在第一位，其核心是发现或创造客户需求，抓住市场机会，在生存中谋求发展；对于成长型的企业而言，其考虑的核心命题是如何快速扩张，抢占市场份额，在竞争中突破重围；对于成熟期的企业而言，面对新兴产业机会，需要快速把握以实现二次成长，创新转型，促使企业长久发展。企业的发展战略好比企业"大脑"，总结过往、面向未来，统领企业向着事业梦想前进，并在适当的时机配置各类资源以促成梦想实现。而股权则是企业的"脉络"，串联着企业发展的过去、现在与未来。合理的股权架构与激励机制又犹如一个"动力系统"，为企业发展输送源源不断的人才。

和君咨询根据多年的股权激励项目实践经验，原创设计出如图 5-1 所示的股权激励三层次模型，清晰阐述了股权激励的根本在于战略层的设计，在于充分明确企业未来的发展目标。根据企业的发展战略再逐步推演出逻辑层的股权激励的核心命题、激励逻辑和激励原则，并根据具体的战略目标和业务特点，在方案层设计出合理的股权激励方案。

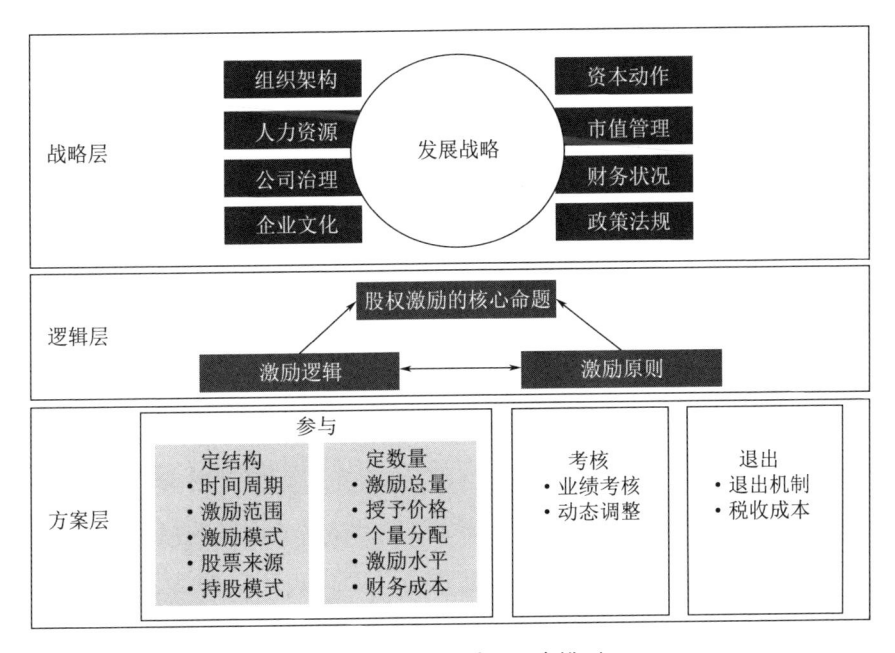

图 5-1 股权激励三层次模型

5.3.2 以战略为导向开展股权激励

我们从关系一国之根本的农业食品类企业说起，看看不同的农业食品企业，如何基于自身战略定位而选择不同的股权激励方式与合伙人机制。

绝味食品从上游食品加工制造起家，顺着产业链逐步延伸至消费端，打造极具高溢价的终端品牌。其 2020 年半年报[①]显示，绝味的门店数量已经超过 12 000 家，门店数量是直接竞争对手煌上煌的 2.9 倍，是周黑鸭的 8.8 倍。时间倒退到绝味与周黑鸭争夺市场份额阶段，那时

---

① 绝味食品股份有限公司. 2020 年半年度报告 [R]. 长沙：绝味食品股份有限公司，2020-08.

绝味主要采用的是加盟模式，而周黑鸭采用的是自营门店模式。虽然自营相较于加盟能够加强产品品控，提高单店效率与标准化程度，但当周黑鸭想要选址扩张时，环顾四周，发现自己早已被绝味的门店包围，最终，绝味以快取胜的加盟式扩张大获全胜。

基于熟食制造与食品消费龙头企业的战略定位，绝味选择了相对应的一系列公司管控与股权激励机制。首先，绝味采用开放式、强管控的加盟模式以实现快速扩张，跑马圈地。绝味仅要求加盟的终端门店使用统一的品牌标识、统一质量管控、统一使用绝味信息系统，总部并不在门店持有股份。但是，绝味对于规模较大、拥有较多门店的加盟商，会采取双向持股模式以加大其对加盟商的管控力度。绝味基于其熟食制造龙头商的定位，只赚取绝味系列食品加工制造的产品增值费用，不参与终端销售利润分配。

再来看另一家知名连锁快餐品牌华莱士，其最初从消费端切入，逐步扩张至中游流通环节开展供应链服务。经过近20年发展，华莱士已具备较高的品牌价值，并拥有中游集采与销售服务能力。截至2019年年底，华莱士的门店数量已超过12 000家。作为快餐界的异类，华莱士规模化扩张得益于其差异化的"农村包围城市"战略，以及独特的合伙人模式，其合作连锁模式也从1.0版本迭代到3.0版本。目前，公司采用以内部创业为核心的"门店众筹、员工合伙、直营管理"3.0版本合作连锁模式，总部与门店的持股比例为20%：80%，门店采用统一品牌标识、统一质量管控，并使用统一的信息系统进行货源采购，由华莱士提供前端原材料、设备集采与供应链服务。华莱士通过众筹的方式将股权下放给员工，对于终端门店既有股权上的联系，又有标准化管控，把员工从雇佣关系变为合伙关系，最终构建成事业共同体。

总而言之，企业股权的价值取决于企业未来能够实现的价值，而股权激励机制的设计也应以战略为导向，以战略指导股权分配，以股权服务战略实现。只有对企业未来的战略进行充分的思考和规划，依据战略目标、所处发展阶段来动态调整股权分配比例，在创始团队、核心人才、外部投资人等各利益相关者之间寻找到平衡点，才能给予现有团队信心，吸引一批志同道合的有识之士，共同打造事业共同体甚至命运共同体。

5.4 长效机制

5.4.1 股权激励是长期激励

通常，按照激励周期长短，企业采用的物质激励方式可分为短期激励、中期激励与长期激励。短期激励包含基本工资、业绩提成、福利计划等能够促进企业日常经营目标完成，提高工作效率的激励形式。中期激励一般体现为年度绩效奖金、业绩激励基金等能够保证年度计划顺利实施的激励形式。长期激励则侧重于从企业长远发展角度出发，采用股权激励、合伙人机制等手段搭建一个事业共同体，推动战略梦想成功落地，共享企业成长所带来的价值增值。

传统的短中期激励方式侧重于对职业经理人的短中期财务目标进

行考核与激励，而忽略了长时间维度上企业价值的持续成长。这在客观上容易引起职业经理人急功近利的短视行为，采用各种手段提升短期业绩，甚至牺牲企业的长久发展。而作为长期激励机制，股权激励不仅关注年度财务数据，更关注企业将来的价值创造。一套长期实施的激励方案是企业拥有科学性、有效性的长效机制的重要体现，能有效弥补基本工资、奖金和福利等其他激励方式在长期激励性方面的潜在缺陷，由此可以弱化职业经理人的部分短期行为，有利于提高企业的价值创造能力和竞争能力。

此外，研究发现，股权激励对企业绩效具有动态影响，不仅在实施的当年存在即期激励效应，在实施后的五年还能发挥持续的激励效果，并在时间分布上表现出先升后降的"倒U形"特征。实施频率也会影响股权激励的动态激励效果，连续成功实施多期股权激励的企业，其激励效果相较于只实施一期股权激励的企业更佳，不仅体现在业绩提升上，也体现在激励效应更具有持续性与稳定性。

从上市公司的统计数据来看，上市公司普遍接受股权激励这一长效激励考核机制。2011—2020年，上市公司中股权激励方案有效期为4～5年的占比最大，占方案总数的80%～95%。4～5年方案有效期对应3～4年的业绩考核周期，显示出上市公司普遍看重中长期的激励效果。相似地，深交所发布的数据显示，2020年，深市上市公司股权激励计划平均有效期限为4.81年，有效期在4年及以上的激励计划共有248单，占当年推出方案的93.94%；有效期在5年及以上的激励计划共有113单，较上年同比增长20.21%。由此可见，更多深市上市公司着眼长远发展，拉长激励周期，为公司可持续发展提供人才激励保障机制。

5.4.2 长期激励助推企业做大做强

下面以爱尔眼科的案例来看股权激励长效机制的作用。全球知名连锁眼科医疗机构爱尔眼科成立于2013年，主要为患者提供各类眼科疾病诊断、治疗、医学验光配镜等眼科医疗服务。自2009年上市至今已有十余年，其间，公司不仅业绩增长超10倍，其市值更是一路高歌猛进上涨超百倍。截至2019年年底，爱尔眼科已在中国30个省市区建立300余家专业眼科医院，年门诊量超过650万人，并在美国、欧洲和中国香港开设有80余家眼科中心。爱尔眼科的高速成长离不开对行业优秀人才的捆绑与长效激励机制的设计，具体方式包括合伙人计划、省会医院合伙人计划、限制性股票计划、股票期权计划等。

仔细分析表5-1，十年间爱尔眼科大范围持续激励核心人才，分别于2011年、2013年、2016年实施股票期权、限制性股票激励计划，考核期限为3年至6年不等。若以2021年3月4日后复权收盘价计算，假设2011年获授股票期权的激励对象行权，持有股票至此时，平均每人持股市值将高达2603万元。相似地，2013年与2016年获授限制性股票的激励对象解锁后，若持有股票至此时，平均每人持股市值分别达814万元、259万元，如表5-2所示。对于普通人来说，这样的持股市值可能是个天文数字，但得益于长效股权激励机制，爱尔眼科的激励对象实现了财富自由。

表 5-1 爱尔眼科限售股和股票期权授予情况

时间	内容（授予日当天）	业绩条件
2011 年 5 月	授予 198 名激励对象 900 万份股票期权	以 2010 年净利润为基数，2011—2016 年相对于 2010 年的净利润年增长率分别不低于 20%、40%、65%、90%、110%、140%，2011—2013 年和 2014—2016 年的净资产年收益率分别不低于 9.6% 和 10%
2013 年 1 月	授予 258 名激励对象 562.5 万股限制性股票	以 2012 年净利润为基数，2013 年、2014 年、2015 年净利润年增长率分别不低于 20%、40%、65%；2013 年、2014 年、2015 年净资产收益率均不低于 10%；锁定期净利润不低于最近三个会计年度的平均水平且不得为负
2016 年 6 月	授予 1557 名激励对象 2005.9 万股限制性股票	四个解锁期：以 2015 年净利润为基数，2016 年、2017 年、2018 年、2019 年净利润年增长率不低于 20%、40%、60% 和 80%

资料来源：爱尔眼科公司公告、国盛证券研究所官网

表 5-2 爱尔眼科的激励对象股权收益（2021 年 3 月 4 日）

时期	当时收盘价（不复权）	当时收盘价（后复权）	今日收盘价（后复权）	股份数（万股）	价值（万元）	授予对象（人）	人均获授金额（万元）
2011 年 5 月	32.49	72.33	1275.02	900.0	515 455	198	2603
2013 年 1 月	16.90	57.71	1275.02	562.5	210 027	258	814
2016 年 6 月	36.53	232.00	1275.02	2005.9	402 706	1557	259

资料来源：复利长盈社公众号

此外，爱尔眼科以并购基金为杠杆，叠加合伙人模式，不仅使公司以惊人速度实现规模化扩张，还吸引了一批拥有拼搏精神、事业梦想的合伙人加盟，如表 5-3 所示。爱尔眼科的长效合伙人机制为其

率先抢占区域市场保驾护航,并帮助公司在区域人才争夺战中大获全胜。

表5-3 爱尔眼科的合伙人计划

时间	名称	内容
2014年4月	合伙人计划	涉及2014年后的新建分院,期限为3～5年,上级医院、新医院核心人才设立合伙公司,由爱尔并购基金和合伙公司共同出资设立地、市、县级新医院,合伙公司股份占比20%～30%
2015年3月	省会医院合伙人计划	涉及14家省会级医院,期限为4～6年,公司选定2名省会医院骨干人员代表核心团队设立合伙公司,合伙公司受让或增资持有该医院10%～20%的股份

资料来源:爱尔眼科公司公告、国盛证券研究所

综上所述,股权激励并不是"一夜暴富"的工具或是控制员工的"金手铐",而是面向未来、基于企业价值成长的一套长效机制。在实际应用中,股权激励机制的设计并非是一劳永逸的,股权激励效应也并非是平滑稳定的,因而,企业在设计股权激励方案时,应遵循"滚动实施"和"动态调整"的原则,根据外部环境变化、企业的发展需要有节奏地实施。同时,股权激励的设计应以长线思维为基本,以企业的长远发展和业绩持续提升为根本目标,对激励对象进行持续、动态的激励与约束,以充分发挥股权激励这一长效机制的动态、积极效应,不断提升企业价值,使企业长久发展。

自从 2009 年创业板开启之后，中国经济社会已经进入了人才市值时代。资本与劳动的关系也从"资本雇佣劳动"的传统模式，过渡到"资本与劳动合作"的协同关系，而人才也已成为企业创新发展的"核武器"。

第 6 章
不同成长阶段企业的股权激励

夫霸王之所始也，以人为本。本治则国固，本乱则国危。(《管子·霸言》)

6.1 初创期企业的股权激励

在新经济时代，涌现出越来越多的市场机会，创业变得越来越普遍。组建创业团队后的第一步就是股权分配。创业之初进行合理的股权分配是避免企业迅速失败、为企业获得持续成功保驾护航的重要基础。面对越来越激烈的市场竞争和更加复杂的商业环境，创业者凭借一己之力杀出重围的概率越来越小，只有借助团队的力量和外部资源，才可能在新时代商业浪潮中获得立足之地。

6.1.1 初创企业的股权分配

在创业的过程中，每位合伙人往往扮演着截然不同的角色，每种角色因为性质不同似乎很难等价对比。所以创始人之间如何分配股权，往往成为一个难题，甚至不得不拍脑袋来决定股权分配。运作不当经常会为创业企业埋下"暗雷"，在创业最艰难的时候引爆。初创企业合伙人之间的股权分配虽然没有一定之规，但是其原则是"在以企业价值为导向的基础上，量化合伙人的贡献"，目的是明晰每个合伙人长期的责任、权力和利益。

创业并非一朝一夕的事情，在创业过程中，每个合伙人都应不断为创业企业提供资源与能力，为创业企业的成长倾注心血。因此权力和利益的分配也需要导向能够长期为创业企业贡献的合伙人，可以适当采取按年度、项目进度或者融资进度等方法逐步分配合伙人股权，从而规避短期现象的发生，保障企业经营理念统一，发展稳定。

多轮次投资者的进入带来的股权稀释，会导致企业控制权旁落的风险，尤其是创业团队内部出现不同声音时，投资人往往会成为"压死骆驼的最后一根稻草"，苹果公司创始人史蒂芬·乔布斯、Paypal创始人埃隆·马斯克都曾有黯然离开自己创始企业的经历，这些都说明了掌握企业控制权的重要性。问题的出现往往是因为投资人或许并不想让创始人以少数股权控制企业，一旦创始人大权独揽，犯个大错就可能让投资人血本无归。因此在实际中控制权的问题是否能够很好解决，唯一的决定因素是创始人和投资人谁具有更高的谈判位势，更多的时候双方会达成一个微妙的"平衡"。

创业如同漫长的马拉松，没有十年八年很难有结果，同时创业又像一场接力赛，需要新鲜的血液产生一波又一波的动力。因此作为创业企业，要始终留出一部分股权池，来吸引区域人才、行业人才的加盟，这种长效的、形成机制的激励，也能够保证新老团队的磨合不出现问题。如若不然，最早进入企业的一批人把自己看成元老，担心新人替代自己的地位；新人则认为自己的能力更强，看着元老理所应当地享受分红，双方产生强烈的排斥情绪，那么创业企业的冲刺马拉松永远都不可能跑到终点。

6.1.2 小米集团的股权激励

2018年7月9日，小米集团正式登陆港交所，成为港交所力推"同股不同权"之后的首批挂牌公司。小米用了8年时间，营业收入从0元增长到1000亿元人民币，成为全球第四大智能手机厂商、全球最大的智能硬件IoT（物联网）平台，上市估值高达539亿美元，跻身全球科技股前三大IPO，成为科技类公司中当之无愧的标杆。从2010年公司成立到2018年成功上市，小米用股权激励的形式招募了8位联合创始人，绑定了7000多名员工，充分激发了合伙人和员工的创业热情，助推了小米业绩的快速增长，其针对股权激励的一系列操作，对初创公司具有一定的参考意义。

1.公司介绍

小米集团成立于2010年，创始人雷军当时已经是行业著名的技术专家、天使投资人，并有着成功带领金山登陆资本市场的经验，早已实现了财富自由。但41岁的雷军并不甘心退居幕后，梦想着打造一家类似Costco、优衣库这样在全球范围备受尊重的公司。他看准了互联网正向传统行业渗透的趋势，瞄准了用互联网思维改造手机产业的机会，联合了8位资历深厚的合伙人，踏上了第二次创业之路。2010年，小米从智能手机出发，通过主力机型自主研发与部分机型OEM（原始设备制造商，即贴牌生产）相结合的方式，精准定位客户群体，创新营销方法，尝到粉丝经济的第一波红利，快速打开智能手机市场，4年时间成为中国手机市场的领先厂商。2013年，小米看到了物联网和智能硬件的发展趋势，准备将手机成功的经验复制到物联网领域。从2014年开始，小米采用"生态链"模式投资并孵化其他团队或公司的产品，基于小米的平台和资源打造智能硬件生态体系，实现了生态化发展。目前，小米已经投资孵化了270多家生态链公司，累计发布产品品类超过1500款，累计销售额也早已突破300亿元，小米及生态链公司的产品已经构建了手机及手机周边、智能硬件、生活耗材三层矩阵，小米的物联网生态链已然形成。

2. 小米的股权激励方案解读

1) 善用股权激励，吸引优秀合伙人和投资人

小米所有的成就，都是因为有一群聪明的人。雷军用股权将他们绑定在一起，把成就小米当成大家一起奋斗的事业，再加上资本的一路扶持，最终打造出了极致性价比的产品，创造出了小米物联网生态链。其中股权作为吸引人才的利器，发挥了巨大的作用。

如表6-1所示，小米的8位联合创始人之前已经在各自的领域内取得了非凡的成就。林斌是公司的核心人物，也是软件和系统领域的专家型人才，王川和黎万强均有过在国内互联网公司创业成功的经验，洪峰、黄江吉是软件开发领域的知名人物，周光平是手机硬件领域的顶级人才，刘德在工艺设计领域更是顶级专家。在小米成立之初，如果没有股权的分配，根本没有办法吸引到这些合伙人，最终这些合伙人也因为持有小米的股权，获得了巨额回报。

表6-1 小米8位联合创始人背景及加入小米之后的职位或负责的业务

联合创始人	背景	负责领域
雷 军	金山软件董事长、天使投资者	董事长兼CEO
林 斌	前谷歌中国工程研究院副院长	总裁
黎万强	前金山设计总监、金山词霸总经理	营销与小米网
周光平	前摩托罗拉北京研发中心高级总监	硬件
刘 德	前北京科技大学工业设计系主任	工业设计
黄江吉	前微软中国工程院开发总监	米聊
洪 峰	前谷歌中国高级产品经理	MIUI
王 川	雷石科技、多看阅读创始人	智能电视

资料来源：搜狐网

除了对联合创始人分配一定的股权，雷军从小米成立之初就有意识地搭建多元化的股权结构，建立规范的公司治理机制，为公司发展打下良好的基础。小米的第一轮融资金额仅有1000万美元，由晨兴资本领投500万美元，雷军及联合创始人合计投资500万美元。其实对于当时的雷军和小米来说，1000万美元的融资并非必要之举，但雷军及其团队出于对公司治理及股东多元化的考虑，引入了晨兴资本。从小米成立到上市，小米一共进行了9轮融资，估值增长了近180倍，通过不断引入战略投资，为小米提供资金和战略资源，公司的发展有了坚实的基础。

2）早期降低持股门槛，绑定核心员工，打造利益共同体

有竞争力的报酬并不等于重金、高薪，雷军制定了一套"现金+股权"的薪酬模式，核心员工加入小米时的薪资结构，可以从以下方案中选择：

第一，正常市场行情的现金工资。

第二，2/3 的工资，拿一部分股票。

第三，1/3 的工资，拿更多的股票。

实际结果有 20% 的员工选择了第一和第三种模式，80% 的员工选择了第二种模式。通过这样的方式，小米寻找到了愿意一起为小米事业奋斗的优秀员工，而这类员工也可以以较低的价格持有公司股票，在实际工作中会更加关注公司的整体利益。另外，小米在创业初期设立了跟投机制，早期的 75 名员工都向小米投了钱，都有权力直接向雷军了解公司的发展战略和经营现状。这种机制激发了全员的创业热情。

可以说小米的成功和在创业初期就进行了科学的股权分配和股权激励有着较大的关系。首先，通过股权分配，小米吸引了一批重量级的联合创始人，有了行业大咖的加持，小米的起点就已经比同时期众多的创业公司要高得多；其次，通过股权激励，小米招募了一批有热情、有理想的"米粉"，为公司后续的爆发式增长贡献了巨大的力量。

6.2　成长期企业的股权激励

成长期企业通常指刚度过初创阶段，在商业模式上有所创新，或因技术、管理等形成一定的优势，具有远高于一般企业的发展速度与潜力。然而，在快速发展过程中，成长期企业往往会面临招人、用人困难，核心团队缺乏安全感和归属感，优秀人才流失，短期现金流压力大等问题。股权激励作为企业治理的利器之一，以企业战略为导向，以股权为载体，以长效激励机制为保障，通过授予核心团队、优秀人才股权，给予员工共同参与企业管理与决策的权力，以及对企业剩余利润的索取权，从而满足员工的职业安全感、归属感、渴望物质财富增长等需求，将传统雇佣代理制转变为利益共享、风险共担的共同创业制或合伙制。

通常，处于成长期企业的股权激励方式较为灵活，无论选择哪种股权激励方式，其本质都是将优秀员工发展为企业的长期合作伙伴，从利益共同体转变为事业共同体，甚至命运共同体。互联网时代与5G时代的来临，使人们工作与生活的节奏不断加快，在"效率为王"的背景下，以合伙制为基础的股权激励，能够更有效地帮助成长期企业规模化扩张与快速裂变。因此，近年来，越来越多的企业选择运用多元化的合伙制搭配股权激励，跑马圈地，加速提高市场占有率，扩大用户群体，打造全国性甚至全球性的品牌。

6.2.1　华莱士"门店众筹"激励模式

华莱士的首家门店成立于2001年，经过20多年的发展，在麦当劳、肯德基等众多西式快餐连锁品牌的围剿下，依靠差异化战略、标准化合伙制及精准的市场营销策略，开辟出一条崭新的道路，成功地从一家濒临倒闭的企业，成长为拥有超过12 000家门店、10万名员工的本土西式快餐连锁巨头。数据显示，截至2019年年底，华莱士的门店数量远超德克士的2600家大陆门店、麦当劳的3383家大陆门店，以及肯德基的6534家大陆门店。此外，根据美团点评发布的《中国餐饮报告2019》，华莱士全平台总订单量已位列第一，超越正新鸡排、麦当劳、肯德基的平台总订单量，如图6-1所示。

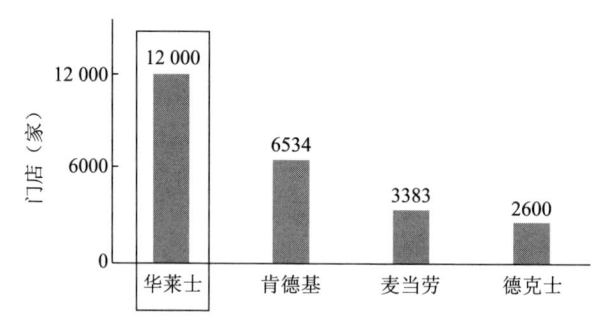

门店（家）	
华莱士	12 000
肯德基	6534
麦当劳	3383
德克士	2600

注：门店数量为截至2019年年底的数据，仅统计中国大陆地区

图6-1 华莱士、肯德基、麦当劳、德克士国内门店数量对比
资料来源：《中国餐饮报告2019》

作为快餐界的"拼多多"，华莱士从草根创业到成功逆袭，并于2015年以"华士食品"成功登陆新三板，与其聚焦下沉市场的差异化竞争路径，以及专注于提供供应链服务的商业模式紧密相关。华莱士的草根定位首先体现在产品的物美价廉上，比如极具性价比的"平价汉堡"以及频繁出招的创新促销模式对消费者有着巨大的吸引力；其次，当麦当劳和肯德基在一线、二线城市攻城略地时，华莱士选择避其锋芒，采取迂回策略，用"农村包围城市"的方式主攻下沉市场，并反其道而行，主动避开租金高昂的核心商圈，入驻租金较低、面积较小的门店。如此，华莱士从巨头云集的西式快餐赛道中脱颖而出，逐步构建自己的快餐王国。

除了采用"农村包围城市"的策略对众多知名西式快餐企业进行降维打击，华莱士的规模化扩张也离不开其独特的合伙制，即采用

"门店众筹、员工合伙、直营管理"为核心的合作连锁模式,通过门店众筹的方式将股份下放给员工或者外部合作伙伴,让其与企业形成利益共同体,从而最大限度地激发员工开拓新店、经营门店的热情与斗志。华莱士的门店众筹方式主要分为内部众筹和对外众筹两种:内部众筹是指将企业高管、核心店长及员工变成"同路人",由雇佣关系转变成合伙关系;对外众筹是指将供应商、门店房东及其他利益相关者纳入众筹对象。

华莱士的合作连锁模式具体经历了三个阶段,即从1.0阶段发展到当前的3.0阶段,如表6-2所示。从1.0阶段到2.0阶段,华莱士的经营目标侧重于大规模扩张,加速开设新店,其众筹范围也由局限于内部人员扩展到内外兼顾,总部股权比例降低,将股权释放给区域团队与外部投资人。从2.0阶段到3.0阶段,华莱士侧重于加强门店管控,众筹范围回归到以内部团队为主,区域管理与开发人员持股比例高达80%,给予门店充分的自主经营权利,提高门店员工的积极性。

表6-2 华莱士合作连锁模式演变

发展阶段	众筹范围	股权分配
合作连锁模式1.0	局限在内部,主要是总部及区域管理与开发人员	总部占股40%,区域占股60%
合作连锁模式2.0	内部+外部,引入城市合伙人等投资者	总部占股20%,区域占股50%,外部投资人占股30%
合作连锁模式3.0	回归内部,仍以总部及区域管理与开发人员、店长为主	总部占股20%,区域占股80%,区域股份更多

虽然华莱士合作连锁模式随企业发展不断演变，但其股权激励机制的六大核心要素始终保持连贯与统一。

（1）入股方式：员工认购股权出资可以采用分期付款的形式，在一定程度上减轻了员工参与股权激励当期出资的压力。

（2）开店模式：利用众筹资金与企业资金相结合的模式，筹集开店资金。若老店长培养出新店长，则将获得一定比例的新店股权奖励。

（3）分红方式：员工分红采用月度分红制，每月按照股权比例分享对应门店的净利润。

（4）股权关系：股权直接落到门店，店长相当于个体工商户。

（5）劳动关系：采用轻总部模式，区域所有员工与区域公司签订劳动合同。

（6）退出机制：大多数为店长个人私下转让，通常在门店净资产额度上加价也有人愿意接盘。

以合伙制为基础的股权激励，不仅适用于华莱士这类以"门店扩张"为主要目标的消费型餐饮连锁企业，对于各行各业追求规模化扩张、项目快速复制的企业来说，同样适用。比如，家电龙头企业格力集团通过区域合伙制整合与绑定下游经销商，牢牢把控其终端销售渠道；又如，本地生活服务平台美团在全国范围内启动"城市合伙人计划"，将"毛细血管"纵伸至县域市场，抢占下沉市场流量入口；再如，韩都衣舍的"小组机制"，即以小组制为核心的单品全程运营体系，将产品运营的"权、责、利"下放到最小的业务单元，极大地激发员工的积极性，将阿米巴模式做到极致，从而真正提升企业的运营和创新效率。

综上所述，处于成长期企业在开展股权激励时，有多种激励模式可以选择，其核心在于根据企业使命、愿景、价值观，选择适合自身发展阶段、有助于战略实现的股权激励模式，从而将核心人员的个人发展与企业的发展进行深度的绑定，为企业的持续发展与长治久安打造动态的人才库。合伙制相较于传统股权激励更具灵活性，因其赋予核心人才更大的经营决策权与收益权而广受企业股东、管理层、核心团队等各方青睐。将合伙制与股权激励相结合，不仅有助于提高企业的治理能力，还最大限度地点燃了企业各方的事业梦想，推动各方成为共创、共享、共担的事业共同体，甚至命运共同体。

6.3 上市前企业的股权激励

企业经过初创期和成长期，进入了比较成熟的阶段。这个阶段的企业具有良好的商业模式，稳定的管理团队和员工队伍，一定规模的营收和利润水平。有抱负的企业家一般会在这个时候开始筹划企业的上市事宜。对于我国大多数企业家而言，企业能够成功上市是其事业梦想之一，因为上市可以募集公众资金投入企业的生产及研发，实现规模的迅速扩张，同时代表着企业的行业地位受到资本市场的认可，自身拥有的企业股权被资本市场所定价，身家可能飙升数倍甚至数十倍。

对于多数没有做过股权激励的拟上市公司而言，上市前是一个比较好的开展股权激励的时点，原因有二：一是此时公司估值相对较低（相较于上市后的市值而言），激励对象可以较低的成本取得公司股权，由于一级、二级市场估值差的存在，激励对象在上市前低价入股，在上市后能够获得更大的股权收益，激励效果显著；二是可以借此机会，对公司进行股权结构调整，引入战略投资者，优化公司治理结构。

6.3.1 陕鼓集团上市前开展股权激励

1. 公司简介

陕西鼓风机（集团）有限公司（以下简称"陕鼓集团"）始建于1968年，1975年建成投产，1996年由陕西鼓风机厂改制为陕西鼓风机（集团）有限公司。1999年6月，陕鼓集团以生产经营主体和优质资产发起设立陕鼓动力。

成立至今，陕鼓动力已发展成为冶金、石化、电力、环保、制药等国民经济支柱产业提供透平机械系统问题解决方案及系统服务的制造商、集成商和服务商，跻身我国重大装备制造行业的龙头企业行列。

2. 股权激励的背景

陕鼓动力发起成立时，陕鼓集团作为绝对控股股东持股98.624%，其他4家股东分别持股0.344%。陕鼓集团由西安工业资产经营有限公司全资持有，其实际控制人是西安市国资委。2007年年初，西安市政府拟订了一份加快推动拟上市公司工作的名单，陕鼓动力被排在首位。为了在上市前改善公司的治理结构，同时聚集产业资源，陕鼓动力在2007年密集地进行了三轮增资，引进了联想控股、复星投资等有相关产业背景的投资人。

在重大技术装备类风机市场领域，陕鼓动力的主要竞争对手均为跨国工业巨擘，包括美国 GE（通用电气）、德国西门子、日本三井等。成立之初，陕鼓动力与国外同行的差距巨大。和国内其他风机公司一样，陕鼓动力经历了从仿制到自主生产的阶段。陕鼓动力能够在竞争中脱颖而出的一大原因，在于管理层优秀的管理能力。2001 年以来，公司管理层大胆吸收跨国公司的经营理念，从单机设备提供商向工业流程的系统集成商和服务商转型，为用户提供整体服务。

技术能力则是陕鼓动力的一大竞争优势。陕鼓动力拥有豪华的科研技术团队——截至上市之日前，陕鼓动力内部有享受国务院政府津贴的突出贡献专家 10 人，省市突出贡献专家 27 人，教授级高级工程师 27 人，研究员级专家 38 人，机械工业突出贡献技师 11 人，行业技术能手 37 人，并聘请社会各类专家 10 多人和专业的专家团队。

自设立以来到 2006 年，陕鼓动力营业收入由 1.9 亿元发展到 24 亿元。这种业绩的爆发式增长，一方面得益于这一阶段国家经济的快速发展带来的庞大市场需求，另一方面也与管理层、技术人员的贡献密不可分。为了保持公司长远、持续、稳定发展，把管理层和核心技术人员的利益与公司的利益紧密地捆绑在一起，西安市国资委要求陕鼓动力的管理层和核心技术人员必须持有一定的公司股份。

3. 开展股权激励，实现管理层和核心技术人员持股

在政策支持下，公司决定实施管理层和核心技术人员持股计划，因此，该公司成为陕西省首家进行股权激励的国有大型企业。该持股计划的激励对象包括公司董事、监事、高级管理人员、核心管理人员（包括公司各管理部门主要负责人）、核心技术人员，以及公司技术部门负责人和主任研究员以上的技术专家共77人。这77名激励对象在此轮增资中获得1805.8571万股股权，其入股价格、方式与联想控股等机构投资人一致，均为每股8.8元。招股书中披露的管理层和核心技术人员持股情况如下。

根据"以实现长远战略为核心，以肯定历史贡献为基础，以符合法律法规为根本"的原则，本公司委托专业中介机构拟订了管理层及核心技术人员持股方案，并经2007年11月15日本公司七届十五次职工代表大会正式审议通过。

本次持股计划参与人员选定的原则：符合"公司经营和后续发展不可或缺的且对公司整体业绩和持续发展有直接影响的关键经营、管理以及技术人才"的原则，以及符合《公司法》《证券法》等法律法规的规定。确定的参与人员范围：本公司董事、监事、高级管理人员、核心管理人员（包括公司各管理部门主要负责人）、核心技术人员，以及公司技术部门负责人和主任研究员以上的技术专家。本次共遴选出77名管理层和核心技术人员实施持股计划，发行共计18 058 571股新股。具体持股数量在充分考虑内部平衡和外部平衡基础上，建立严格的计量模型进行计算后最终确定。

本次管理层和核心技术人员的入股方式、入股价格，与公司本次对机构投资人第三次增资的价格保持一致，即每股 8.8 元[①]，全部以现金形式一次性缴付到位。本次参与持股的管理层和核心技术人员均已承诺，认购股份的全部资金来源合法，均由参与计划的持股人自筹，股份由其本人持有，不存在任何代持情况。本公司亦未提供包括担保、保证、质押、抵押等在内的任何财务资助。各持股人已签订关于资金来源及其合法性的承诺书备查，公司亦就未对持股人员提供任何财务资助出具承诺书。本公司在 2007 年 9 月进行的增资中，管理层和核心技术人员共持股 18 058 571 股，出资 158 915 424.8 元，购买股份的全部资金均源于持股人的自有资金和自筹资金，其中自有资金主要源于三部分，即工资、公司风险抵押承包奖和公司经营目标考核奖。

陕鼓动力通过此次引进战略投资和进行股权激励，一是提高了公司的资本实力。公司资产负债率从增资扩股前的 79.46% 降低到增资扩股后的 60.36%，改善了公司依赖短期资金进行资本投资的情况，长期资本的比例上升，改善了公司的财务结构。二是提升了公司的技术及创新水平。增资扩股取得的资金，可以用来引进高端科技人才、加大研发投入、开发新产品、更新生产及科研设备，将在一定程度上提高公司的技术水平和技术创新能力。三是进一步完善公司的治理结构。通过增资扩股，陕鼓集团的持股比例由 98.62% 降低到 65.88%，很大

[①] 2009 年，陕鼓动力进行了资本公积转增股本，每 10 股转增 13 股；转增后，其每股 8.8 元的持股成本降至约 3.8 元。

程度上改善了公司长期以来"一股独大"的局面，同时通过引入综合实力雄厚的投资者，优化了公司的股东结构，有利于促进公司法人治理结构的进一步完善。四是在增资扩股的过程中实现了管理层和核心技术人员持股，进一步提高了公司凝聚力和发展向心力，实现了长效激励，构建了一流人才工作的平台和机制，实现了国际一流企业的长远战略目标。

2006年到2010年，陕鼓动力的营业收入从24亿元增长到43.5亿元，管理层和核心技术人员功不可没。2010年2月，证监会发审委通过了陕鼓动力的首发申请。2010年4月底，公司成功上市，按照首日收盘价19.27元计算，77名激励对象平均持股收益增长约5倍，身家突破千万元。可以说，股权激励实现了公司和激励对象（管理层和核心技术人员）的双赢。

6.4 上市公司的股权激励

在上市之后开展股权激励是很多公司的通行做法。截至2020年年底，A股约有40%的上市公司出台过股权激励计划。上市后开展股权激励相较于未上市时开展股权激励有两个优势：一是激励对象参与热情高，二是激励收益有较好的保障。当然，上市后公司的股权激励因为要满足相关监管政策规定，激励计划入股价格的灵活性不够，所以激励收益水平可能不如上市之前开展股权激励的收益水平高。

上市公司的股权激励方案——无论是限制性股票、股票期权，还是员工持股计划，其方案文本大同小异。就上市公司而言，激励方案首先要满足的就是合规性，《上市公司股权激励管理办法》以及一系列证监会和证券交易所的规章制度构成了上市公司股权激励的操作基础。

6.4.1 科创板上市公司股权激励政策解读

2019年3月1日，科创板规则正式落地。科创板规则整体采用"2+6+N"架构，包含证监会2个监管办法、上交所6项主要业务规则及4项配套指引。在科创板"2+6+N"配套政策中，《上海证券交易所科创板股票上市规则》（以下简称《上市规则》）及《上海证券交易所科创板股票发行上市审核问答》（以下简称《上市审核问答》）是股权激励及员工持股的重要指导文件。相比较A股市场其他板块现行政策，科创板规则主要有六个方面的突破，如表6-3所示。

表6-3 科创板规则与A股其他板块现行政策对比

核心要点	科创板规则	A股其他板块现行政策
激励模式	限制性股票、股票期权	限制性股票（包括第一类限制性股票和第二类限制性股票）、股票期权
激励总额	提高激励总额。上市公司可以同时实施多项股权激励计划。上市公司全部在有效期内的股权激励计划所涉及的标的股票总数，累计不得超过公司股本总额的20%	上市公司全部在有效期内的股权激励计划所涉及的标的股票总数，累计不得超过公司股本总额的10%

续表

核心要点	科创板规则	A股其他板块现行政策
激励对象	扩大股权激励对象范围。单独或合计持有科创公司5%以上股份的股东或实际控制人及其配偶、父母、子女,担任董事、高级管理人员、核心技术人员或者核心业务人员的,可以成为激励对象;但应当充分说明上述人员成为激励对象的必要性、合理性	单独或合计持有上市公司5%以上股份的股东或实际控制人及其配偶、父母、子女,不得成为激励对象
价格机制	提高授予价格机制灵活度。科创公司授予激励对象限制性股票的价格,低于市场参考价50%的,应符合交易所有关规定,并应说明定价依据及定价方式。若出现上述情形,公司应聘请独立财务顾问对定价依据和定价方法的合理性,以及就是否损害上市公司利益发表专业意见	限制性股票授予价格不得低于股票票面金额,且原则上不得低于下列价格较高者: • 股权激励计划草案公布前1个交易日的公司股票交易均价的50% • 股权激励计划草案公布前20个交易日、60个交易日或者120个交易日的公司股票交易均价之一的50%
锁定期延长	新增适当延长锁定期。以下两类激励对象激励股票锁定期须适当延长: • 上市时未盈利的科创公司,其控股股东、实际控制人、董事、监事、高级管理人员、核心技术人员所持首发前股份 • 核心技术人员所持首发前股份	在限制性股票有效期内,当期解除限售的条件未成就的,限制性股票不得解除限售或递延至下期解除限售
登记制度	更加便捷灵活的股份登记。上市公司授予激励对象限制性股票,应当就激励对象分次获益设立条件,并在满足各次获益条件时分批进行股份登记。当次获益条件不满足的,不得进行股份登记	股权激励计划经股东大会审议通过后,上市公司应当在60日内授予权益并完成公告、登记;有获授权益条件的,应当在条件成就后60日内授出权益并完成公告、登记

另外,《上市审核问答》对拟上市公司上市前员工持股"闭环原则"及"上市前期权激励计划"做了进一步的明确。

针对持股人数限制的问题,由于《公司法》有明确要求,股份公司发起人人数须在 2 人以上,200 人以下,而 A 股现行规定拟上市公司的持股平台需要穿透计算股东总人数,导致上市前的激励人员范围非常受限,激励效果不足。科创板对此进行了优化,允许将符合闭环原则或依法备案的持股载体作为一名股东计算,从而突破了激励范围 200 人的限制。

对于上市前期权激励计划的问题,《上市审核问答》明确了科创板拟上市公司可以存在首发申报前制订的期权激励计划,并在上市后实施。也就是说,科创板拟上市公司的期权计划可以跨越 IPO。这对于快速成长期的公司而言,减少了股权结构频繁变动带来的股权纠纷风险;对于员工而言,减少了当期出资压力并给予员工未来更多的选择空间,其对股权激励模式的选择也会更加有弹性。科创板员工持股激励范围及期权激励核心要点如表 6-4 所示。

表6-4 科创板员工持股激励范围及期权激励核心要点

核心要点	具体规定
允许上市前员工持股,且不穿透计算股东人数(闭环原则)	在计算公司股东人数时,满足相关条件的持股载体按一名股东计算。间接放宽持股人数限制,科创板拟上市公司实质持股人数可突破 200 人限制。具体条件及要求如下: • 员工持股计划不在公司首次公开发行股票时转让股份 • 承诺自上市之日起至少 36 个月的锁定期 • 发行人上市前及上市后的锁定期内:员工所持相关权益拟转让退出的,只向员工持股计划内员工或其他符合条件的员工转让 • 锁定期后:员工所持相关权益拟转让退出的,按照员工持股计划章程或有关协议的约定处理

续表

核心要点	具体规定
允许公司带期权激励计划上市（上市前期权激励计划）	具体条件及要求如下： • 激励对象：激励对象应当符合《上市规则》相关规定 • 必备内容：激励计划的必备内容与基本要求，激励工具的定义与权利限制，行权安排，回购或终止行权，实施程序等内容，应参考《上市公司股权激励管理办法》的相关规定予以执行 • 行权价格：由股东自行商定确定，但原则上不应低于最近一年经审计的每股净资产或评估值 • 激励总额：发行人全部在有效期内的期权激励计划所对应股票数量占上市前总股本的比例原则上不得超过15%，且不得设置预留权益 • 行权限制：在审期间，发行人不应新增期权激励计划，相关激励对象不得行权；最近一期末资产负债表日后行权的，申报前须增加一期审计 • 实际控制人稳定：在制订期权激励计划时应充分考虑实际控制人稳定，避免上市后期权行权导致实际控制人发生变化 • 减持限制：激励对象在发行人上市后行权认购的股票，应承诺自行权日起三年内不减持，同时承诺上述期限届满后比照董事、监事及高级管理人员的相关减持规定执行

6.4.2 乐鑫科技：科创板股权激励"第一枪"

乐鑫科技（股票代码：688018）全称为"乐鑫信息科技（上海）股份有限公司"，成立于2008年4月29日，并于2019年7月22日在科创板成功上市。乐鑫科技是一家专业的集成电路设计公司，主要从事物联网Wi-Fi MCU通信芯片及其模组的研发、设计及销售，产品广泛应用于智能家居、智能照明、智能支付终端、智能可穿戴设备、传感设备及工业控制等物联网领域。

2019年9月24日，在科创板开市仅满两个月之际，乐鑫科技发布了《2019年限制性股票激励计划（草案）》及《2019年限制性股票激励计划（草案）摘要》，打响了科创板股权激励的"第一枪"。

1. 计划内容

乐鑫科技第一期限制性股票激励计划具体内容如下。

1）激励模式

乐鑫科技本次股权激励模式按照2019年7月12日颁布的《科创板上市公司信息披露工作备忘录第四号——股权激励信息披露指引》，采取限制性股票（第二类限制性股票）。

2）激励对象

本次激励对象共计21人，占公司员工总人数（320人）的6.5%。本次激励计划的激励对象主要是核心技术人员9人，占比为42.86%；外籍员工8人，占比为38.1%。值得注意的是，乐鑫科技本次股票激励计划紧跟最新修订的《上市公司股权激励管理办法》，将外籍员工列入激励对象范围。

3）股票来源

股票来源为公司向激励对象定向发行公司A股普通股股票。拟授予的限制性股票数量为29.28万股，占本次激励计划草案公布时公司总股本8000万股的0.366%。

4）股票定价

作为科创板上市公司首份股票激励计划，其最为明显的特点是股票激励授予价格突破了以往"50%"的价格限制。本次限制性股票的授予价格为每股65元，为计划公布前1个交易日交易均价的39.61%，为前20个交易日交易均价的41.95%。对此，乐鑫科技表示，本次强激励的定价原则与高业绩要求相匹配。随着行业及人才竞争的加剧，公司人才成本增加，科技公司人才的绩效表现是长期性的，需要有长期的激励政策配合，实施更有效的股权激励对员工现有薪酬进行有效补充。

5）归属安排

本次激励计划有效期自限制性股票授予之日起至激励对象获授的限制性股票全部归属或作废失效之日止，最长不超过 72 个月。

授予日在本次激励计划经公司股东大会审议通过后由董事会确定。

激励对象在满足相应归属条件后，将按约定比例分次归属。激励对象根据任职年限长短分为两类：第一类激励对象为在公司连续任职 1 年以上员工，合计 19 人，其归属等待期为 1 年，分 4 年按 25%、25%、25%、25% 的比例归属；第二类激励对象为在公司任职 1 年以下员工，合计 2 人，其归属等待期较第一类激励对象更长，为每年公司年度报告经股东大会审议通过后的首个交易日起至当年公司年度报告经股东大会审议通过后 12 个月内的最后一个交易日止。

6）禁售期

激励对象为公司董事和高级管理人员等，其在任职期间每年转让的股份不得超过其所持有本公司股份总数的 25%；在离职后半年内，不得转让其所持有的本公司股份。

7）业绩考核

乐鑫科技的股票激励计划对于被激励对象设置了相应的公司层面

业绩考核要求和个人层面业绩考核要求。只有当公司及个人业绩考核合格后，激励计划中的限制性股票才能进行归属安排。

2. 业绩考核要求

1）公司层面业绩考核要求

乐鑫科技本次激励计划在公司层面业绩考核对于两类激励对象设置了不同的考核年度开始点：第一类激励对象的考核年度开始于2019年，结束于2022年；第二类激励对象的考核年度开始于2020年，结束于2023年。二者的考核均为4个会计年度。

每个会计年度都会考核公司年度的业绩目标，用以确定对应的归属批次及归属比例。公司层面业绩指标为营业收入增长率或毛利增长率。相对于常使用净利润为考核指标的主板公司，科创公司受三费、息税影响较大，真实的净利润也可能存在一定"效果失真"，而毛利则能更加准确地代表公司主营业务能力。以第一类激励对象为例，公司选用对应的营收或毛利增幅较2018年分别为30%、69%、119%和185%（A级），意味着对应指标逐年须保持30%的增长率。

乐鑫科技对于司龄不同的两类激励对象设置不同归属安排，根据公司业绩结果的高低对应不同归属比例，如表6-5所示。

若公司未满足表6-5中业绩考核B级指标，则该类所有激励对象对应考核当年计划归属的限制性股票全部取消归属，并作废失效。

表 6-5　乐鑫科技业绩考核安排

激励对象类别	司龄	考核年度	业绩指标
第一类	1 年以上	2019—2022 年	对两类激励对象考核目标都设定了 A、B 两级指标，达到 A 级指标公司层面归属比例为 100%，达到 B 级指标公司层面归属比例为 80% A 级：以 2018 年业绩为基数，2019—2023 年对应年度营业收入增长率或毛利增长率分别不低于 30%、69%、119%、185%、271%
第二类	1 年以下	2020—2023 年	B 级：以 2018 年业绩为基数，2019—2023 年对应年度营业收入增长率或毛利增长率分别不低于 25%、56%、95%、144%、205%

2）个人层面业绩考核要求

激励对象的个人层面业绩考核按照公司现行的相关规定组织实施，并依照激励对象的考核结果确定其实际归属的股份数量。激励对象的业绩考核结果划分为 A- 及以上、B+、B、B-、B- 以下（激励对象考核期内离职的，当年个人绩效考核视为 B- 以下）五个档次，届时根据表 6-6 所示的个人考核业绩评级表中对应的个人层面归属比例确定激励对象实际归属的股份数量。

表 6-6　乐鑫科技个人考核业绩评级

考核评级	A- 及以上	B+	B	B-	B- 以下
个人层面归属比例	100%	75%	50%	25%	0

激励对象当年实际归属的限制性股票数量 = 个人当年计划归属的

数量×公司层面归属比例×个人层面归属比例

当激励对象当期计划归属的限制性股票因考核原因不能归属或不能完全归属的，作废失效，不可递延至下一年度。

3. 案例小结

乐鑫科技股票激励计划的出炉，为科创板其他上市公司开了先例。《上市规则》中为科创公司所做出的股权激励制度相关创新、调整和突破，在乐鑫科技披露的激励计划中得到充分体现。

首先，乐鑫科技采用的第二类限制性股票的激励方式，具有无须提前出资的特点。激励对象可以在满足获益条件后，以授予价格出资获得公司股票从而获利，很大程度上减小了激励对象的出资压力，提高了员工参与激励的积极性。

其次，将任职上市公司的外籍员工列入激励对象范围，解决了之前"境内上市公司不得将在境外任职的外籍员工列为激励对象"的问题。作为一家专业的集成电路设计公司，乐鑫科技的核心竞争力是自主研发能力，能否保持技术优势、不断吸引高科技人才加入，对公司的发展十分重要。在此背景下，激励对象国际限制的解除，增强了其吸引和留存全球人才的能力。

最后，乐鑫科技在限制性股票授予价格上的突破，一方面使激励计划对于人才的吸引力进一步提高，另一方面也实现了核心人才与公司股东利益的深度捆绑，有利于公司更好、更快地发展。

科创板相对宽松且更加灵活和市场化的股权激励政策，使科创公司在制订股权激励计划上拥有更大自由度，以满足公司"量体裁衣"

的需求，帮助其制订出对人才更具吸引力的激励计划。

6.5 企业集团的股权激励

企业集团是现代企业的高级组织形式，通常是由若干在业务、技术、资产或资本等方面有密切联系的企业，通过明确的产权关系并在统一管理的基础上形成的多层次经济组织。

与一般企业相比，企业集团战略、经营、技术相对成熟，但内部环境更为复杂。为实现集团的协调统一、持续发展，集团总部制定整体的战略规划并对下属企业进行统一管理。但下属企业多为不同业务板块，或是同一产业链协同，或是多领域跨行业布局，各主体因业务模式或发展阶段不同，战略诉求各异，造成个体利益与整体利益、短期利益与长远利益的冲突。因此，在企业集团进行股权激励时，除了要解决各主体内部的核心问题，还要平衡集团与下属企业、各下属企业之间的业务关系、产权关系与利益关系。

远泰集团（为保护客户商业秘密，此为虚拟名称）是笔者曾服务过的股权激励客户，成立于20世纪90年代。经过20多年的潜心经营，远泰集团在业内已成为具备明显技术优势及区域竞争优势的领先企业。远泰集团在业务结构持续优化的过程中，形成相互协同的四大业务线，构建起极具区域与行业特色、多产联动的产业链，如图6-2所示。2016年，远泰集团年营业收入超过20亿元，拥有员工近2000人，带动从业者8万人。集团旗下拥有全资或绝对控股子公司数十家，按照产品线或所处地域进行区分,由分管各业务线的事业部进行管理。

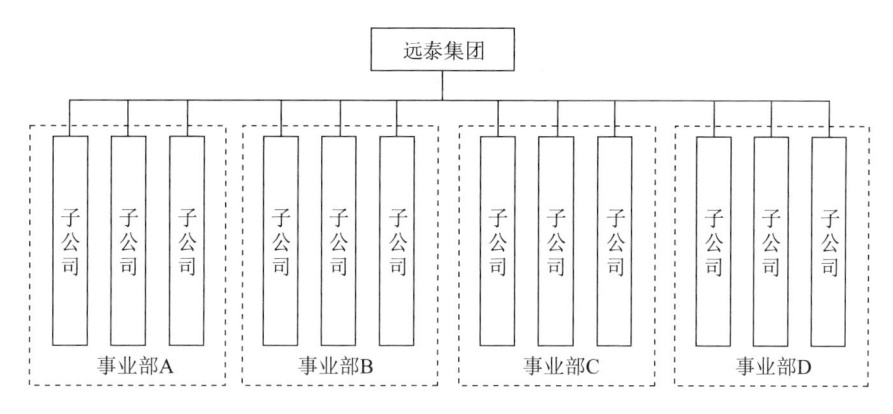

图 6-2 远泰集团旗下企业结构

经过多年发展,远泰集团综合实力显著增强,业务布局基本形成,但其结构较为复杂,部分业务遇到瓶颈须寻求突破。它在该阶段的主要任务为原有业务的优化布局及新业务的规模拓展,以期实现集团长远发展。因此,以战略为导向,梳理集团及事业部长期战略、产业链整体布局,明确各事业部发展方向及节奏,成为远泰集团股权激励计划制订的基础。落实到操作层面,远泰集团为了兼顾总部与事业部以及各事业部之间的发展与利益,在集团整体诉求之外,对各激励主体的业务特性与核心诉求进行单独考虑,形成了各激励主体各有侧重的激励计划,如表 6-7 所示。

由表 6-7 可知,远泰集团基于关键命题思考,形成了股权激励关键要素(侧重点)。关于激励模式,事业部层面激励模式的选择有所不同。比如,事业部 B 作为集团利润支柱,集团方面需要对其有更强的控制力度,因此采用虚拟股的激励方式,员工不持有公司股权,但

表6-7 远泰集团各激励主体各有侧重的激励计划

激励主体	业务特性	核心诉求	计划侧重点
远泰集团总部	·多板块业务综合体，业务协同和规模效应，风险对冲能力强 ·集团整体营收较稳定，净利润连续多年保持正值，员工具有发展壮大企业的强烈愿望	通过集团持股，增强各级员工思考集团长期战略发展的动力，注重协同效应和整体利益最大化	构建集团层面股权动态流转平台
事业部A	·历年业绩波动大，除市场因素外，业务模式有待改进 ·产品技术领先，市场风险依然存在，业务模式抗风险能力有待检验	构建"命运共同体"，提高风控意识和盈利能力，并树立信心	单独设立公司，集团控股，实股激励，激发员工"主人翁"精神
事业部B	·整体发展稳健，是集团的利润支柱 ·业务规模增长缓慢	通过股权激励一定程度激发增量，做大规模	虚拟股激励，加大增量分享力度
事业部C	·业绩有波动，内部原因为转型初期，模式在摸索当中，外部原因为市场波动 ·新模式初有成效	通过股权激励增加员工责任感，业务模式加快成熟，助力转型成功	虚拟股激励，加大增量分享力度
事业部D	业务模式成熟清晰，但资产投入大、行业周期性明显，存在风险	自主创业，激发干劲	以已有主体做实股激励，集团参股，充分让渡股权和分红权给管理团队

可参与事业部分红，分享业务发展红利；事业部D定位为集团内部自主创业，需要充分调动员工创业热情，因此采用管理团队控股、集团参股的方式。关于激励对象，秉持了"在哪儿贡献价值就在哪儿激励"的原则，在事业部层面由事业部及各下属机构的核心人员参与，而少数有突出贡献的员工，同时参与集团总部与事业部的激励计划，更加

充分地形成利益共享、风险共担机制。关于分红机制，集团总部及事业部层面均设置梯队式分红规则，其共同点在于完成不同等级目标对应不同分红比例，利润做得越大，利润中可分红比例越大，如果达到最高层级考核目标，则分红比例为20%～30%；差异之处体现在各主体根据自身实际情况所选择的指标类型及数值，通过梯队式分红实现"蛋糕"最大化，创值分享。

从远泰集团的案例可以看出，企业集团在使用股权激励这一工具时，应清晰地认识到集团股权激励必须兼具个性与共性，计划制订前须对各激励主体进行详尽的调研、分析，确定主体特性及核心诉求，选择适合的激励模式，切忌"复制粘贴"，更要避免因开展股权激励造成主体各自为政、忽略集团发展的局面。

企业集团规模庞大、体系复杂，所面临的公司治理、业务发展、内部管理等问题更为棘手。股权激励作为有效的管理手段，可以协助企业集团厘清各主体战略关系，通过股权结构明确体现各主体在体系内的定位，优化内部资源配置，避免内部关系的无序与错乱。同时，有助于建立健全集团长效激励机制，储备和吸引优秀人才，充分调动员工积极性，有效地将股东利益、集团利益、个体利益和个人利益结合起来，使各方共同关注集团长远发展。

合理、有效的股权激励机制，不仅是企业业绩增长、市值增长的催化剂，还是个人实现财富自由、成为人生赢家的终极武器。

第 7 章
股权激励的操作流程

股权激励是把"双刃剑",运用得当能够帮助公司优化股权结构、提高公司治理能力,对内稳定军心,对外吸引人才;运用不当可能导致控制权、经营权混乱,军心涣散,甚至对公司生存与发展造成不可逆的伤害。

和君咨询在操刀过数百个股权激励咨询项目后,总结出了一套股权激励操作的 9D 模型,即树立正确的理念,确定激励对象的范围,确定激励的总体水平,确定激励对象的价值,确定激励对象的股权比例,测算激励对象的成本及收益,制定激励方案和考核办法,办理法律手续,动态管理股权。做好这九个步骤,一套完整科学的股权激励方案就基本成型了。

7.1 树立正确的理念

我们在实践中发现,通常公司在开展股权激励的时候,不只是员工,甚至有很多高管对股权激励是什么、有什么作用都知之甚少。有的人认为,拿到公司的股权没什么用;有的人认为,公司让员工掏钱购买股权是在变相集资;有的人认为,公司制定的战略目标太高,根本不可能达到；有的人认为，股权激励就是"打土豪，分田地"，应该无偿授予……这些都是对股权激励的错误理解。

所谓股权激励，是以股权为纽带，在让核心团队合理分享公司发展成果的同时，完成股东之间、股东和核心团队之间，以及核心团队内部关于公司未来事业发展的深度思考及沟通，进而通过"心理契约"的达成以及"长效激励机制"的保障，实现公司从利益博弈体向利益共同体、事业共同体乃至命运共同体的成功过渡。其根本目的是，通过持续做大公司，保证公司、股东、激励对象等多方共赢，进而实现公司的长期可持续发展（永续经营）。为了实现这样的目标，在开展股权激励之前，应该在公司中树立正确的价值理念。

对于股东（创始人）来说，要树立"开放心态，做大蛋糕"的价值理念。有一些公司的创始人舍不得拿出自己的股权来做股权激励，事实上，他们应该关注的不是股权比例的多少，而是股权的价值。很多公司的创始人拥有自己公司 100% 的股权，但是其股权价值是多少呢？不少上市公司的创始人只拥有很少比例的股权，但是其股权价值巨大。因此，公司的创始人要有一个开放的心态，舍得拿出公司的股权来激励员工，通过"做大蛋糕"来实现股权价值的增值。

对于员工来说，要树立"以奋斗为本"的价值理念。"以奋斗为本"，对创业期、成长期的公司来说是非常重要的，因为所有的股东和核心员工都在投入的阶段，还没到分享成果的时候。成为公司的股东意味着要奋斗和投入，要承担更大的责任和风险。如果是本着"打土豪，分田地"的心态来做股权激励，公司的文化和风气就会变，内部各种博弈的现象就会出现。

7.2 确定激励对象的范围

股权激励首先要解决的问题,同时也是公司员工最为关注的问题,就是哪些员工可以参与股权激励。这些参与股权激励的员工是如何确定的?这个问题的答案非常关键,不仅关系到激励方案是否公平,而且直接关系到激励方案的效果。确定激励对象的范围,一是要符合国家有关法律法规的规定;二是要针对公司的战略发展需要,基于"二八原则"激励公司的核心人才,不要轻易搞"全员持股";三是既要激励现有人才,也要为公司未来引进人才预留股权。

对于主板和创业板上市公司而言,《上市公司股权激励管理办法》中规定激励对象可以包括上市公司的董事、高级管理人员、核心技术人员或者核心业务人员,以及公司认为应当激励的对公司经营业绩和未来发展有直接影响的其他员工,但不应当包括独立董事和监事。外籍员工任职上市公司董事、高级管理人员、核心技术人员或者核心业务人员的,可以成为激励对象。单独或合计持有上市公司 5% 以上股份的股东或实际控制人及其配偶、父母、子女,不得成为激励对象。下列人员也不得成为激励对象:

(1)最近 12 个月内被证券交易所认定为不适当人选。

(2)最近 12 个月内被中国证监会及其派出机构认定为不适当人选。

(3)最近 12 个月内因重大违法违规行为被中国证监会及其派出机

构行政处罚或者采取市场禁入措施。

（4）具有《公司法》规定的不得担任公司董事、高级管理人员情形的。

（5）法律法规规定不得参与上市公司股权激励的。

（6）中国证监会认定的其他情形。

对于科创板上市公司而言，相比于《上市公司股权激励管理办法》，科创板股权激励规则对激励对象的范围进行了扩大。《上海证券交易所科创板股票上市规则》第10章10.4节规定："单独或合计持有上市公司5%以上股份的股东、上市公司实际控制人及其配偶、父母、子女以及上市公司外籍员工，在上市公司担任董事、高级管理人员、核心技术人员或者核心业务人员的，可以成为激励对象。科创公司应当充分说明前述人员成为激励对象的必要性、合理性。"

对于非上市公司而言，激励对象的选择没有过多限制。激励对象的选择应坚持公平、公正、公开的原则，不能根据老板的个人主观印象来确定激励对象的范围，因为这样的主观认定难以服众，有可能导致公司内部员工情绪对立，加剧公司的内耗，不利于公司的经营。此外，对于大多数公司来说，也不能采用全员持股的"大锅饭"模式，这样起不到激励的作用。与工资、奖金等短期激励手段相比，股权激励侧重于公司长期战略目标的实现，因此，在激励对象的选择上，应关注对公司长期战略目标最有价值的核心人才。

7.3　确定激励的总体水平

确定激励的总体水平，就是确定拿出多少股权来开展股权激励，以及激励对象通过股权激励可以获得的激励收益有多少。一般而言，通过股权激励，激励对象获得的激励收益在行业内要有竞争力。

一般来说，上市公司全部股权激励计划所涉及的标的股票总数累计不得超过总股本的10%。对于科创板上市公司来说，这一额度可以提高到20%。而对于国有控股上市公司来说，首次实施股权激励计划授予的股权数量原则上应控制在总股本的1%以内。

对于非上市公司而言，股权激励涉及的股权总量没有限制。从理论上来说，股东可以为了实行股权激励计划而出让任意数量的股权，但是在实际操作中，股权激励的最高额度应该保证在实施股权激励后不影响股东自己对于公司的控制权。

7.4　确定激励对象的价值

不患寡而患不均。在确定激励对象和激励的总体水平后，应该确定每位激励对象的价值，作为对每位激励对象授予股权比例的依据。通常可以从两个方面衡量激励对象的价值，从而确保股权分配的公平性：一是历史贡献，二是岗位价值。历史贡献，即该激励对象自入职以来为公司做的贡献。历史贡献可以从激励对象的入职时间、自入职以来的年度绩效考核结果、自入职以来的实际领薪数额、自入职以来给公司做出的重大贡献等综合情况来确定。岗位价值，即激励对象所在岗位对公司的价值，包括当前的岗位价值和未来的岗位价值。当前的岗位价值是激励对象在该岗位上能够创造的价值，通常用该岗位对公司年度业绩目标实现的重要性来衡量；未来的岗位价值是激励对象在该岗位上未来能够创造的价值，通常用该岗位对公司战略目标实现的重要性来衡量。

7.5 确定激励对象的股权比例

在确定激励的总体水平和每位激励对象的价值后，就可以确定每位激励对象的股权比例了。它的逻辑是，将每位激励对象的价值加总，得出每位激励对象的价值在总体价值中的比例，以该比例乘以激励的总体水平，就可以确定每位激励对象的股权比例。

对于上市公司而言，非经股东大会特别决议批准，对任何一位激励对象授予的股权数量累计不得超过总股本的 1%；对于非上市公司而言，激励对象累计获得的股权总量最高不应超过公司总股本的 10%。

7.6 测算激励对象的成本及收益

激励对象的成本是激励对象为取得所获授的股票而付出的成本。对于上市公司而言，采用限制性股票激励方式的，激励对象的授予价格不得低于股票票面金额，且原则上不得低于下列价格较高者：股权激励计划草案公布前 1 个交易日的公司股票交易均价的 50%；股权激励计划草案公布前 20 个交易日、60 个交易日或者 120 个交易日的公司股票交易均价之一的 50%。

采用股票期权激励方式的，激励对象的行权价格不得低于股票票面金额，且原则上不得低于下列价格较高者：股权激励计划草案公布前 1 个交易日的公司股票交易均价；股权激励计划草案公布前 20 个交易日、60 个交易日或者 120 个交易日的公司股票交易均价之一。

对于非上市公司而言，激励对象的授予或者行权价格具有很大的自由度。一般来说，采用限制性股票激励方式的，授予价格通常在市场公允价值基础上给予一定的折扣，同时不低于每股净资产；采用期权激励方式的，行权价格一般不高于估值，同时不低于每股净资产；采用虚拟股激励方式的，定价一般为每股净资产。一般情况下，不建议无偿授予激励对象股票。

激励对象的收益，即为激励对象解锁（行权）时股票价格与授予价格的差额。对于上市公司而言，公司未来的股票价格可以通过多种估值方法（相对估值法、绝对估值法等），结合公司未来业绩目标确定；对于非上市公司而言，决定公司未来股票价格的是公司未来的估值，可以使用公司未来几年的战略发展目标，结合同行业上市公司的估值，并在此基础上给予一定的折扣确定。

7.7 制定激励方案和考核办法

根据前期调研的结果以及公司的实际情况，选择合适的股权激励方式，制定股权激励方案，在内容上一般包括：激励目的，管理机构，激励对象的确定依据和范围，激励股权的来源，激励对象获授股权的分配情况，员工期权激励计划的预备期、行权期、限售期，授予价格，解锁（行权）条件，调整方法与程序，公司与激励对象各自的权利义务，激励计划变更与终止，争议解决方式等。

股权激励方案要基于战略导向，与公司和个人的业绩考核挂钩。如果公司的业绩不达标，当年的股权激励方案就不会实施，所有激励对象都无法获授当年的股权；如果公司的业绩达标了，当年的股权激励方案就会实施，所有激励对象就有资格获授股权，具体到每位激励对象实际获授多少，要根据个人的业绩考核而定。因此，股权激励方案还应配套制定激励考核办法，规定考核的指标和考核方法，以及考核结果的应用等内容。

7.8 办理法律手续

对于上市公司而言，在制定股权激励方案和考核办法后，方案的具体落地实施，还需要按照《上市公司股权激励管理办法》和相关法律法规的要求履行相应的法律程序、办理一系列的法律手续。比如，董事会表决、独立董事发表意见、内部公示、内幕交易自查、律师发表法律意见、股东大会审议等。激励对象与公司签订的法律文本包括参与确认书、授予通知书、承诺及授权委托书等。

对于非上市公司而言，方案的制定可参照上市公司，但是灵活性更高，实施流程和方案内容可以简化处理。

7.9 动态管理股权

股权激励方案实施后，激励对象所获授的股权并不是一成不变的，否则就起不到激励作用了。比如，当激励对象出现下列情形时，其所获授的股权应如何处理？

（1）激励对象在股权激励计划的有效期内退休、因丧失劳动能力而离职、辞职、公司裁员、失踪、死亡等。

（2）激励对象因公司内岗位调动涉及获授股权发生变动。

（3）激励对象严重违反规章制度或劳动合同、违反职业道德、泄露公司机密、失职或渎职、引发重大事故等损害公司利益和声誉等。

一般情况下，在第（1）种情形下，原股东会按照股权授予成本加上一定的利息回购激励对象的股权。在第（2）种情形下，要区分具体情况，若调动后原激励对象仍属于激励范围，其已获授的限制性股权不做变更，其尚未获授的限制性股权按变更后的岗位所对应的岗位限额计算；若调动后原激励对象不再属于激励范围规定，其尚未获授的限制性股权将不再授予，已获授的股权应由原股东以授予成本加一定利息回购。在第（3）种情形下，因为激励对象对公司的利益造成了损害，所以原股东一般只会按照授予的成本对激励对象的股权进行回购。

7.10 股权激励的基本操作流程案例

下面我们以一家科技公司的案例来阐述股权激励的基本操作流程。为客户保密需要，以下提到的"领先科技公司"为客户化名。领先科技公司成立于2008年，先后经历了起步期、探索期、发展期与转型期。领先科技公司抓住了国家信息化发展浪潮，凭借其优良、稳定的产品，形成了一定的先发优势与品牌知名度。然而，面对日趋激烈的行业竞争、技术迭代，领先科技公司已来到二次创业的转型时点，不仅要思考公司未来的战略目标与发展路径，还要增强组织理性与组织效率，打造一支更具战斗力的队伍。人才是科技公司关键成功要素背后的基石和发动机，而人才市值时代的到来也进一步促使人才争夺成为企业间竞争的核心要素之一。在此背景下，领先科技公司决定请和君咨询帮助其设计一套"战略导向、外具吸引力、内有公平性、保证稳定性"的股权激励方案，激发领先科技公司核心团队的事业热情，实现士气提振、队伍凝聚，为实现公司价值最大化而共同奋斗。

1. 树立正确的理念

领先科技公司的创始人拥有开放的心态与分享精神，曾制定过股权激励方案，并在团队内部实施。但因为理论知识有限、实际操作经验不足等原因，股权的分配由创始人"拍脑袋"决定，缺乏股权激励应有的公平性、公正性、合理性与激励性。同时，激励对象也并未真正认识到公司股权的价值与股权激励的意义，认为股权的有无对于个人来说无关痛痒，因而，原股权激励方案在实施后未能起到相应的激励作用。

我们在 7.1 节中提到，股权激励方案的制定与实施过程，实际上就是在团队内部通过沟通实现上下同心、同欲的过程，从而打造一个股东、管理团队、核心人才等各方的事业共同体，为战略的实施落地共同奋斗。为了帮助领先科技公司的股东、核心员工认识股权激励的内涵与价值，建立股权激励思想基础，和君咨询项目组（以下简称"项目组"）先后开展了股权激励项目启动会与股权激励培训课程，详细阐述股权激励项目具体流程与股权激励基础知识，统一领先科技公司内部认知。此外，项目组根据行业对标、公司发展阶段与现状、公司治理基础、访谈与问卷调研结果等，选择限制性股权为本期领先科技公司的股权激励方式。领先科技公司股权激励项目流程如图 7-1 所示。

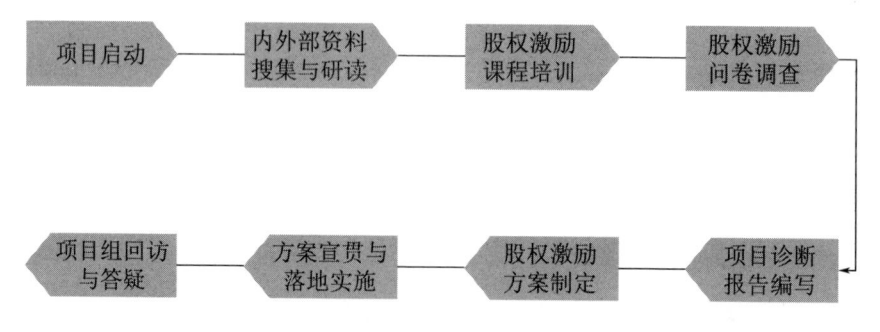

图 7-1 领先科技公司股权激励项目流程

2. 确定激励对象的范围

在符合各项法律法规的前提下，项目组通过与领先科技公司的创始人、高管团队进行深入沟通交流，并结合匿名问卷调研，最终确定激励对象范围：任职满一定年限的高层管理人员、中层管理人员和核心业务（技术）人员，以及公司董事会认为应当激励的其他人员，共计 21 人。

3. 确定激励的总体水平

对于创业公司来说，用于激励的股权总量并没有严格限制。在保证创始人把握控制权的前提下，项目组通过与创始人深度沟通、匿名问卷调研、反复论证后，建议拿出当前领先科技公司总股本的 20% 用于股权激励，其中本轮股权激励授予总股本的 5%，预留总股本的 15% 给未来的股权激励计划。

4. 确定激励对象的价值

基于对股权激励内涵与价值的理解，项目组认为股权激励的重要原则之一是"对岗不对人"，激励对象的价值与其所处的岗位价值挂钩。先根据领先科技公司激励对象历史累计领薪数额、重大贡献等计算出每位激励对象的历史贡献，再根据其岗位对于公司战略实现的重要性来确定岗位价值，对历史贡献与岗位价值分别赋予权重，加总后得出激励对象的价值。

原则上，过去、现在与未来的价值排序从大到小应依次为未来岗位价值、目前岗位价值、历史贡献，在设置价值权重时也应按照价值排序赋予合理的值。因而，项目组为领先科技公司制定了激励周期为 3 年，分 4 次授予的限制性股权方案，依次授予当前总股本 5% 的 20%、20%、30%、30%，前 20% 对应历史贡献部分，后 3 次授予（20%、30%、30%）对应现在与未来的岗位价值，如表 7-1 所示。

表 7-1 领先科技公司股权激励授予安排

授予安排	授予时间	授予数量占本计划授予股权总量的比例
第一次授予	通过本计划之日起 30 个工作日内	20%
第二次授予	本计划通过满 12 个月后	20%
第三次授予	本计划通过满 24 个月后	30%
第四次授予	本计划通过满 36 个月后	30%

5. 确定激励对象的股权比例

在确定每次授予的股权比例后，还应考虑如何将每次授予的股权分配到对应的激励岗位。这时，就需要根据岗位价值对领先科技公司拟激励的 21 个岗位进行价值排序，以确定每个岗位分配到的股权数量。在横向上，个体岗位价值的排序需要结合部门价值排序来确定，即根据不同部门对于公司战略实现的重要程度赋予一定权重系数。在纵向上，可根据公司人力资源体系的职级序列赋予相应的权重系数，职级越高权重系数越大。然后，再赋予 CEO 一定的调整权限，比如对于有重大突出贡献的岗位附加额外权重系数等。最终，在综合考虑个体岗位的部门价值系数、职级序列系数、CEO 调整系数后，确定每个激励对象的岗位评分及岗位绝对比例，岗位绝对比例＝单个岗位评分／加总岗位评分。

领先科技公司激励对象的股权比例是依照 7.5 节描述的方法及上述激励对象的价值计算得出的，具体公式如下。

第一次授予，基于历史贡献：单个激励对象获授股权比例＝（单个激励对象历史累计领薪数量／总体激励对象历史累计领薪数量）×

5%×20%。

第二次至第四次授予，基于岗位价值：单个激励对象获授股权比例＝岗位绝对比例×5%×每次授予股权的比例。

6. 测算激励对象的成本及收益

根据领先科技公司的具体情况，其激励成本（授予价格）是采用市销率估值方法计算得出的，即授予价格＝（公司估值／公司总股本）×20%。其中，公司估值参考中信证券行业分类，以计算机行业板块应用软件细分板块中剔除 ST 股后的上市公司的平均市销率，乘以公司上一年度营业收入计算得出，激励对象按照公司估值的 2 折价格入股。

在授予价格确定的基础上，激励收益则与激励对象解锁或行权时的股权价格（公司市值）相关，公司市值＝上市公司平均市销率×上一年公司营业收入。预测时，上市公司平均市销率同样参考计算机行业板块应用软件细分板块水平，而公司营业收入则根据未来 3 年的保守业绩估算。测算结果只是对于成本与收益的模拟预测，最终收益需要根据解锁时公司的市值决定。

7. 制定激励方案和考核办法

根据领先科技公司的股权激励方式与具体情况，项目组制定出配套的股权激励方案，帮助公司完善治理结构、优化股权结构、建立健全激励约束机制，从而吸引、激励和稳定公司的经营骨干，为公司增强竞争力与持续健康发展奠定坚实基础。领先科技公司第一期限制性股权激励计划（目录）如图 7-2 所示。

目录

释 义		5
第一章	本计划的目的与原则	6
第二章	本计划的管理机构	6
第三章	激励范围及限制条款	7
第四章	股权激励的持股形式、股权来源、数量和分配情况	8
第五章	股权激励计划的有效期、授予安排、锁定期、解锁期	10
第六章	限制性股权的授予价格及确定方法	11
第七章	限制性股权的授予条件、解锁条件与限售规定	11
第八章	股权激励计划的调整方法和程序	13
第九章	股权激励计划的变更	15
第十章	股权激励计划的实施程序	17
第十一章	公司与激励对象的权利与义务	18
第十二章	附则	19

图 7-2 领先科技公司第一期限制性股权激励计划（目录）

此外，项目组还根据股权激励方案制定相应的考核管理办法，完善股权激励对象的绩效评价体系和激励约束机制，通过对激励对象的工作情况进行全面、客观的评估，形成良好均衡的价值分配体系，实现公司的发展战略和经营目标，促进公司业绩稳步提升，实现公司和全体股东利益最大化。

考核指标分为公司业绩指标与个人业绩指标。公司业绩决定股权的有无，个人业绩决定股权的多少。公司业绩达到已设立的考核目标，所有激励对象才有权获授当次限制性股权。若公司业绩未达到考核目标，则考核不合格，所有激励对象当年度应授予的限制性股权取消；若公司业绩考核达标，激励对象个人当年实际授予股权额度＝个人考核标准系数×个人当年计划授予股权额度。

8.办理法律手续

领先科技公司本轮股权激励涉及的法律文件包括参与确认书、承诺及授权委托书，以及授予通知书。具体而言，在股权激励方案与考核管理办法制定完成后，领先科技公司的拟激励对象首先需要与公司签订"第一期限制性股权激励计划参与确认书"，以确定参与本轮的股权激励；其次，签署"第一期限制性股权激励计划承诺及授权委托书"，承诺遵守公司的相关制度规定，按时足额支付股权认购款，并授权公司指定人员办理相关股权授予手续；最后，拟激励对象还需要与公司签订"第一期限制性股权激励计划授予通知书"，正式获准成为公司本轮股权激励的激励对象，授予通知书中明示激励对象获授的股权数量及授予价格，并注明付款时间与支付方式。

9.动态管理股权

动态管理股权的内涵是根据公司的发展阶段以及个人价值贡献的大小来分配股权：一方面对激励对象进入与退出股权激励计划进行限定，另一方面也将激励对象获授股权的比例与其贡献相结合。虽然我们在 7.10.5 节中介绍了领先科技公司激励对象应获授的股权比例，然而该比例并不是固定不变的。前文已经提及股权激励是"对岗不对人"

的,若激励对象处于激励岗位上,则其所获授的股权数量须与公司业绩考核、个人业绩考核结果挂钩;若激励对象调离岗位,则应根据新岗位的岗位价值确定可获授的股权比例;若激励对象离开公司,则其获授的股权应根据不同情况下的股权价格转让或收回。

股权激励的正确逻辑是:通过明确的战略目标分解、业绩指标分解、岗位职能厘清及岗位价值判断、业绩考核,打通"战略→股权激励→业绩考核"整个链条,使股权激励成为推动战略落地的重要手段,实现公司价值的最大化。

第8章
特殊类型企业的股权设计与股权激励

任何一个企业，都要准确识别其创始人、联合创始人、一般激励对象，确定他们的分工、定位、股权比例，并设定股权动态调整机制、股东退出机制。这需要站在企业长期价值最大化的立场上，从历史、现状、未来等洞察企业个性，从情、理、法等角度进行综合考虑。

8.1 混合所有制企业

混合所有制经济，是国有资本、集体资本、非公有资本等交叉持股、相互融合的所有制经济。（中共十八届三中全会通过的《中共中央关于全面深化改革若干重大问题的决定》指出："国有资本、集体资本、非公有资本等交叉持股、相互融合的混合所有制经济，是基本经济制度的重要实现形式，允许更多国有经济和其他所有制经济发展成为混合所有制经济。"）

混合所有制是股份制的一种形式，既包括公有制经济，也包括非公有制经济，是不同所有制经济按照一定原则实行联合生产或经营的经济行为，所以天然地具有融合性、多元性、妥协性和优势互补性。混合所有制从微观上看是一种企业资本组织形式，是非公有制的巨大活力和公有制的规模经济的一种融合与互补。

8.1.1 混合所有制的政策演变

所有制问题，一直是重大的理论问题，也是重大的政策问题。中共中央对混合所有制经济的政策提法，经历从"包括"到"发展"再到"大力发展"的过程。

1997年召开的中国共产党第十五次全国代表大会提出，要继续调整和完善所有制结构，公有制经济不仅包括国有经济和集体经济，还包括混合所有制经济中的国有成分和集体成分，这是党中央文件第一次出现"混合所有制经济"。

1999年召开的中共十五届四中全会提出，国有大中型企业尤其是优势企业，宜实行股份制的，要通过规范上市、中外合资和企业互相参股等形式，改为股份制企业，发展混合所有制经济，重要的企业由国家控股。

2002年召开的中国共产党第十六次全国代表大会提出，除极少数由国有独资经营的企业外，要积极推行股份制，发展混合所有制经济。

2003年召开的中共十六届三中全会提出，要大力发展混合所有制经济，使股份制成为公有制的主要实现形式。

2013年召开的中共十八届三中全会提出，要允许更多国有经济和其他所有制经济发展成为混合所有制经济。国有资本投资项目允许非国有资本参股。允许混合所有制经济实行企业员工持股，形成资本所有者和劳动者利益共同体。……鼓励非公有制企业参与国有企业改革，鼓励发展非公有资本控股的混合所有制企业，鼓励有条件的私营企业建立现代企业制度。

2015年8月24日，中共中央、国务院印发《关于深化国有企业改革的指导意见》，对改革目标和原则、分类推进国企改革、发展混合所有制经济、完善国资监管体制等提出了明确的意见，实质上已经拉开了国资国企改革的帷幕。之后，国务院办公厅、多个部委先后印发《关于国有企业发展混合所有制经济的意见》《关于国有控股混合所有制企业开展员工持股试点的意见》等多个政策文件，在国企分类和分层改革、改革国资管理体制、非国有资本参与混改、国有资产交易、员工持股试点等方面制定了更为具体的规定，为全国各地推进国企混改工作构建了基础性的政策框架。

8.1.2 混合所有制改革典型案例——中国联通

自2016年下半年至今，国家发改委已公布四批混合所有制改革试点单位，数量达到208家，不仅涵盖电力、石油、天然气、铁路、民航、电信、军工七大传统领域，还包括互联网、软件及信息技术服务、新能源、新材料和节能环保等战略性新兴产业。中国联通是首家采用"引入战略投资＋定增＋股权转让＋员工持股"混改方式的央企，混改力度之大、影响之广出乎人们的意料，毫无疑问成为诸多混改试点单位中的明星、央企混改的标杆。中国联通混改方案被业界称为"史上最大"混改方案：一方面，改革层级首次提升至央企集团层面，并实现了从国有资本绝对控股到国有资本相对控股的转变；另一方面，其改革全面深入电信核心业务领域，标志着民营资本在垄断行业的成功突破。

1. 引入战略投资者

根据混改方案，中国联通引入了中国人寿、腾讯信达、百度鹏寰、京东三弘、阿里创投、苏宁云商、光启互联、淮海方舟、兴全基金与结构调整基金等战略投资者。混改后，中国联通持股比例由 62.7% 下降至 36.7%，10 家战略投资者合计持股比例约 35.2%，员工持股 2.7%，公众股东持股 25.4%，形成了多元化的股权结构。虽然最终国有资本合计持股 53%，但最大的变化是国有股权实现了多样化，公司治理结构不再是"一股独大"，避免出现内部人控制或内部人说了算，切实保护了小股东利益，使得公司更加市场化。

中国联通大规模释放股权，其目的在于引入能与中国联通形成战略、业务协同，有助于建立行业领先优势的战略投资者。在全球通信业传统业务增长放缓、转型创新不断加速、产业价值重心从通信服务向信息服务转移的行业背景下，将混改的目标确定为弥补公司发展短板、提升公司核心竞争力。

正是基于这样的考虑，中国联通混改方案采用非公开发行与"老股"转让相结合的方式，先后引入四大类处于行业领先地位且与中国联通具有协同效应的战略投资者：

一是四大互联网公司，包括腾讯、百度、阿里巴巴、京东。

二是垂直行业领先公司，包括苏宁云商、光启集团、滴滴出行、网宿科技、用友软件、宜通世纪。

三是具备雄厚实力的产业集团，包括中国人寿、中国中车。

四是国内领先的产业基金，包括中国国有企业结构调整基金、前海母基金。

中国联通在电信九大领域里与上述战略投资者分别开展了合作。通过这种共同合作、要素互补，中国联通与各个股东的关系变得更加和谐，产生了新的火花，不但没有出现外界所担忧的情况，还有效地提高了公司的创新能力。

2. 组织机构调整

混改的目的不是"混"，而是"改"。一些国有企业机构臃肿、人浮于事，"头"越来越大，"四肢"越来越小；内部管理人员越来越多，接触客户的人员越来越少。在推进混改过程中，中国联通首先从改革机构入手，总部带头精简，"瘦身健体"成果超出预期。在总部层面，部门数量由过去的 27 个减少为 18 个，减少约 33.3%；人员编制由 1787 人减少为 865 人，减少约 51.6%。在省分公司层面，现有机构数减少 205 个，削减约 20.5%；地市公司机构减少 2013 个，削减约 26.7%。全国省级公司管理人员职数减少 415 个，削减约 9.8%。

同时，中国联通干部首聘工作也超出了预期。中国联通在全集团组织机构精简后的管理人员首次选聘工作中，其管理人员平均退出率在 14.3% 左右。首聘工作结束后，各级聘任人员签订业绩任务责任书，落聘人员则参加下级岗位选聘，易岗易薪。专家认为，中国联通以干部首聘工作为契机，逐步建立起干部管理市场化长效机制，鼓励和引导管理人员到一线去。此次提出的"各层级人员每年退出比例"使"干部能上能下、能进能出"成为常态。

此外，组织机构精简后的人员安置工作是最困难的事情，中国联通坚持广开言路，让所有干部员工参与研究、讨论改革方案，使得改革过程变得非常顺利。

3. 开展股权激励

为进一步完善公司治理结构，建立公司与员工的利益共享与约束机制，充分调动核心员工的积极性，吸引并保留核心员工，中国联通拟实行限制性股票激励计划。2018年2月11日，中国联通正式公告了其限制性股票激励计划以及首期授予名单。

根据公告，中国联通该计划首期拟向激励对象授予不超过8.48亿股的限制性股票，约占当时公司股本总额的2.8%。首次授予的激励对象包括公司中高层管理人员以及对公司经营业绩和持续发展有直接影响的核心人才，不超过7855人。

作为央企集团，中国联通在国家的支持下，通过股权激励实现了核心员工与公司利益共享、风险共担，同时也实现了公司的经营者与国家利益、股东利益保持一致。

工作做得好，激励回报才能兑现；做得不好，则风险共担，甚至收入无法与现状持平。只有上下同心，奋发努力，共同推动公司发展，个人价值才能真正得到实现。

4. 董事会提前换届，党委拥有前置审议权

中国联通引进中国人寿等国有资本和以四大互联网公司为代表的非国有资本后，持股比例由62.7%下降至36.7%，在股东会层面已不再对公司享有绝对控股的权利。中国联通A股官网2018年1月23日发布的公告显示，中国联通已完成了董事会的提前换届。换届后，董

事会成员由7名扩大为13名，其中非独立董事8名、独立董事5名。根据公告披露的董事会成员名单，中国联通拥有3个董事会席位，即董事长王晓初、总裁陆益民、集团副总经理李福申，中国人寿、百度、阿里巴巴、腾讯、京东各拥有一个席位，即中国人寿副总裁尹兆君、腾讯高级执行副总裁卢山、百度董事长兼首席执行官李彦宏、京东集团首席战略官廖建文、阿里巴巴资深副总裁胡晓明。董事会改组后，中国联通在非独立董事席位中仅占3/8，引发了外界关于控制权的疑虑。但中国联通董事长王晓初认为，这并不是大问题。2016年12月，王晓初在出席论坛时表示："混改后，公司要进一步明确党组织在公司治理结构中的法定地位，把党组织集中研究、讨论作为董事会和经营管理层决策重大问题的前置，尤其是要落实好党中央、国务院的大政方针，涉及国家网络信息安全、'三重一大'等事项仍然要由党组织集中统一决定。"

中国联通A股官网于2018年2月11日再发公告，公布了混改后的公司章程首次大改的修正案。修改后的中国联通公司章程明确规定，董事会决定公司重大问题，应事先听取公司党组织的意见。由于国有企业党委的党员干部与国资股东在决策意志上高度一致，如此一来，便无须担心国有资本失去对中国联通控制权的问题了。

5. 亲密接触四大互联网公司，探索互联网创新

互联网思维正在驱动中国联通进入一个新的发展轨道。互联网公司庞大的触点，可以帮助中国联通通过互联网销售，比实体销售更方便。2017年，中国联通通过混改推进2I2C（面向互联网、面向个人用户）等创新业务模式，销售费用和销售通信产品成本明显下降，以低增量成本促进业务规模效益发展。

在产品方面，中国联通与战略投资者开展合作，以互联网思维打造产品体系，加快产品互联网化，通过新零售、无界零售，加快新零售布局，实现客户随时、随地、随心消费。例如，中国联通与腾讯联手推出售价 19 元的"腾讯大王卡"，支持用户免流量使用腾讯上百款应用，如 QQ、腾讯视频、QQ 音乐、腾讯游戏等。仅仅通过这一合作，腾讯在短短的半年时间里，就给中国联通带来约 2000 万个用户。可以说，两家公司合作初期就显现出超预期的效果。

8.2　管理层收购企业

8.2.1　管理层收购的规律

管理层收购（Management Buy-Outs，MBO），是公司管理层利用高杠杆负债融资买断本公司的股权，使公司为私人所有，进而达到控制、重组公司的目的，并获得超常收益的并购交易。由于 MBO 在改善企业经营状况、降低代理成本等方面起到了积极的作用，因此它成为 20 世纪 70—80 年代流行于欧美国家的一种企业收购方式。MBO 具有三大特点：第一，MBO 的主要投资者是公司的经营和管理人员，他们本身在公司工作多年，对业务和管理有着深刻的理解和洞察，通过 MBO，他们获得了所有者和经营者合一的身份；第二，管理者作为公司的内部人员，只有当公司有着良好的经济效益和业绩提升潜力的时候，管理层才倾向于收购公司；第三，因为管理层的资金实力有限，MBO 大多通过借贷融资来完成，所以 MBO 通常发生于比较成熟稳定的行业，公司有着较好的现金流水平以便偿还借贷融资。

一直以来，在国内语境下，管理层收购大多是指国有企业的管理层，通过收购国有企业的股权，实现从经理人向控股股东的转变。比较成功的案例有蒙牛、伊利的管理层收购，宇通客车的管理层收购等。民营企业的管理层收购案例中，比较著名的是百丽国际的管理层收购。

8.2.2 百丽国际的管理层收购

百丽品牌创始于改革开放元年（1978 年）的香港。1991 年，百丽品牌创始人邓耀毅然决定赴内地寻找机会，成立深圳百丽鞋业有限公司，成为改革开放后首位与内地鞋厂合作的香港商人。从 1992 年内地第一家自营店铺开业，到 2007 年百丽国际在港交所成功上市，15 年间，伴随着中国经济的腾飞以及巨大消费市场的觉醒，百丽品牌不断发展壮大。在"渠道为王"的理念下，上市后的百丽国际凭借融资疯狂开店，高峰年份每天开店超过 5 家。截至 2010 年，百丽国际旗下门店数量已超过 1 万家，并被纳入恒生指数成分股。2013 年，百丽国际迎来高光时刻，市值超过 1500 亿元，成为中国最大的鞋服零售商、全球最大的非运动鞋鞋类生产商和运动服零售商之一，旗下拥有百丽、天美意、思加图等知名鞋类品牌，并代理耐克（Nike）、阿迪达斯（Adidas）、卡帕（Kappa）、彪马（Puma）等一二线运动服饰品牌的销售。

1. 管理层收购的原因

上市之后，百丽国际增长势头迅猛，营业收入从 2007 年的 116.72 亿元上涨至 2013 年的 430.67 亿元，6 年时间增长了近 3 倍；归母净利润（归属于母公司所有者的净利润）从 19.79 亿元上涨至 51.59 亿元，增长了近 2 倍；门店数量也从 0.61 万家扩张到 1.92 万家，成为一代"鞋王"。如果辉煌的故事能这样续写下去，就不会出现后续私有化的剧情了。自 2013 年之后，百丽国际的营业收入和净利润一路走低，原本的"疯狂开店"模式难以为继，反而进入了关店潮。到 2016 年，公司净利润更是同比出现了较大的负增长，其主要原因是国内电商的崛起给传统零售业带来的降维打击。为了应对挑战，百丽国际也进行过一些新的尝试。事实上，百丽国际早在 2009 年就开始尝试电商销售，但是对电商销售的认识一直较为落后，仅仅把电商销售当作清理库存的渠道。在这种意识下，公司的电商销售之路必然收效甚微。

值得注意的是，百丽国际的营收和利润虽然出现下降，但其市场地位仍在，依旧保持着较大的规模和较高的盈利水平，其毛利率仍保持在 50% 左右。

此外，百丽国际实际控制人年事已高，董事会成员基本都在 60 岁以上。创始人邓耀及其老搭档盛百椒一直在百丽国际身居要职，分别担任董事局主席和 CEO，2017 年二人分别为 83 岁和 65 岁。由于行业不景气，加上年事已高，二人渐渐萌生退意，而百丽国际的少壮派高管有意进行一番改革，因此便有了 MBO 的意向。但是如果由百丽国际的管理层直接进行 MBO，将会面临复杂的程序和严格的审核，而通过外部投资人进行私有化,执行起来更加简便。于是,在鼎晖投资的牵线下,百丽国际找到了高瓴资本。

高瓴资本为什么愿意入局呢?原因有四个:第一,百丽国际虽然增长乏力,但公司经营有序,现金流非常稳健,公司没有有息债务,资产负债表非常健康;第二,百丽国际拥有完整而强大的营销网络,消费者基础雄厚,有着扎实的基础进行后续的转型;第三,在百丽国际业务中,有一项专营一线运动服饰代理的优质资产——滔搏运动,表现十分亮眼,业绩高速增长;第四,私有化价格合理,百丽国际当时私有化价格是 6.3 港元／股,略高于上市时的发行价。

2. 管理层收购的步骤

1)收购方案第一步:搭建私有化主体

百丽国际的股东大体分成三类:第一类是创始人邓耀和 CEO 盛百椒,他们拟接受私有化要约并转让所持股份,明确表示在法院会议上投票赞成私有化方案,二者合计占股 25.76%;第二类是公司内部少壮派高管盛放、于武(时任百丽国际体育事业部总裁)及其他管理层人员,他们支持私有化并拟加入高瓴资本、鼎晖投资的私有化阵营,三方合计占股 14.72%;第三类是百丽国际其他中小股东,他们主要关注私有化价格。百丽国际私有化前的股份架构如图 8-1 所示。

为了完成私有化,高瓴资本和鼎晖投资搭建了以 Muse 为私有化主体的三层架构。Muse 的唯一股东为 Holdco,Holdco 的唯一股东为 Topco,三家 SPV(特殊目的实体)均注册于开曼群岛。之所以搭建三层架构,主要是为了在收购时归集不同类型、来源的私有化资

> 股权之道：设计・激励・治理

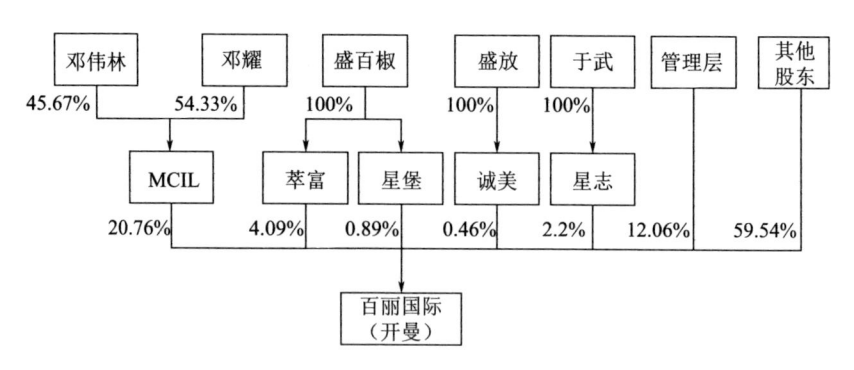

```
邓伟林      邓耀       盛百椒      盛放      于武      管理层    其他股东
45.67%   54.33%     100%      100%     100%
   ↓         ↓         ↓         ↓        ↓
  MCIL     萃富       星堡       诚美      星志
  20.76%   4.09%     0.89%     0.46%    2.2%    12.06%    59.54%
                          ↓
                     百丽国际
                     （开曼）
```

图 8-1　百丽国际私有化前的股份架构

金。Topco 主要用于归集高瓴资本、鼎晖投资两家机构投入的资本金，Holdco 主要用于归集从银行的借贷资金。筹集的所有资金最终汇合至 Muse，以用于私有化百丽国际。

盛放、于武及相关管理层等想实现 MBO 的百丽国际原股东，将其所持 14.72% 股份通过持股平台智能创业投入 Topco，并进一步转让至 Muse。也就是说，为完成百丽国际的私有化，Muse 仅需支付百丽国际剩下的 85.28% 股份的对价，金额预计 453 亿港元。

2）收购方案第二步：筹集私有化资金

本次私有化交易是港股市场上继万达私有化之后金额最大的私有化交易，为了筹集私有化所需的 453 亿港元，高瓴资本现金出资 142.8 亿港元，鼎晖投资现金出资 30.31 亿港元，剩下的约 280 亿港元由 Holdco 将其所持 Muse 股权全部质押给美国银行融资所得，同时，Muse 将所持百丽国际全部股份作为该融资的担保。百丽国际私有化时的股份架构如图 8-2 所示。

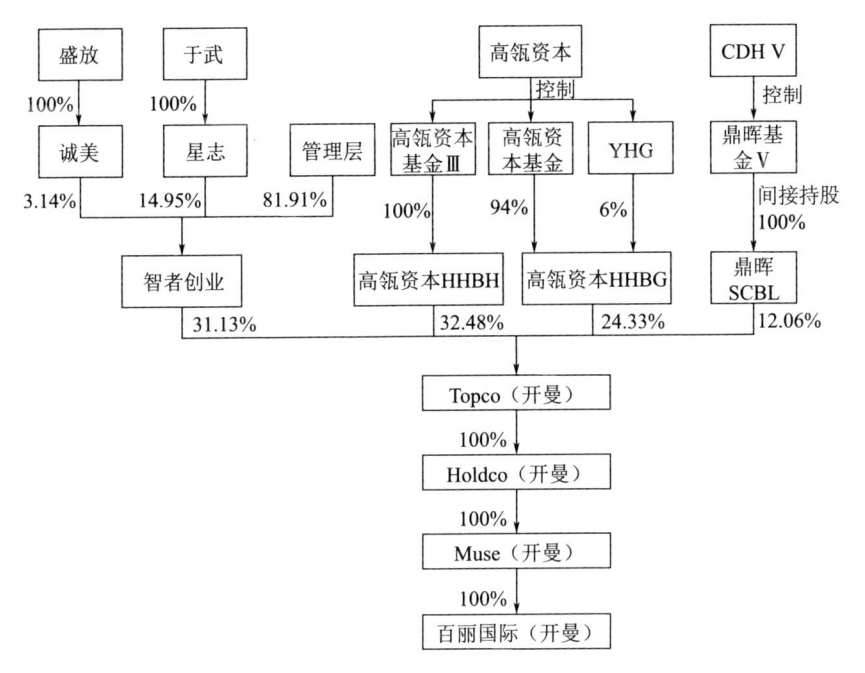

图 8-2 百丽国际私有化时的股份架构

有了充足的资金,加上创始人、大股东的支持,高瓴资本、鼎晖投资的私有化提案在百丽国际股东大会上以 98.7% 的高票通过。2017年7月27日,一代"鞋王"百丽国际从港交所退市。私有化交易顺利完成后,创始人邓耀和 CEO 盛百椒完全退出,套现 130 亿元,高瓴资本和鼎辉投资则成为百丽国际的大股东和实控人。

3)收购方案第三步:股份调整实现 MBO

私有化之后,高瓴资本立即对百丽国际展开了股权调整工作。首先调整私有化架构,将 Topco、Holdco、Muse 这三家 SPV 分别调整为 Muse B、Muse M 和 Muse Holdings,智者创业、高瓴资本、鼎晖投资等在 Muse Holdings 层面持股;其次,在 Muse Holdings 层面对其三家股东进行股份调整，高瓴资本将其所持 12.33% 股份、鼎晖投资将其所持 2.9% 股份分别转让给智者创业。经过调整，智者创业持有 Muse Holdings 的股份比例达到 46.36%，成为私有化后的百丽国际的第一大股东。就这样，高瓴资本配合百丽国际完成了一起 MBO，百丽国际的控制权转移到了以盛放、于武领衔的百丽国际原管理层手中。百丽国际私有化后的股份架构如图 8-3 所示。

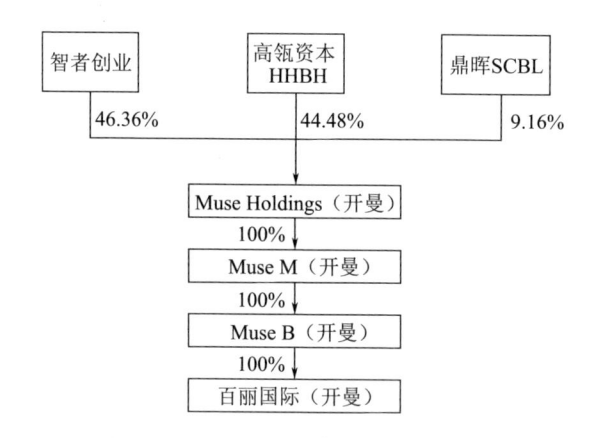

```
┌──────────┐    ┌──────────┐    ┌──────────┐
│ 智者创业  │    │ 高瓴资本  │    │ 鼎晖SCBL │
│          │    │  HHBH    │    │          │
└────┬─────┘    └────┬─────┘    └────┬─────┘
   46.36%          44.48%          9.16%
     └───────────────┼────────────────┘
                     ▼
          ┌────────────────────┐
          │ Muse Holdings（开曼）│
          └──────────┬─────────┘
                   100%
          ┌────────────────────┐
          │   Muse M（开曼）    │
          └──────────┬─────────┘
                   100%
          ┌────────────────────┐
          │   Muse B（开曼）    │
          └──────────┬─────────┘
                   100%
          ┌────────────────────┐
          │  百丽国际（开曼）   │
          └────────────────────┘
```

图 8-3 百丽国际私有化后的股份架构

4）收购方案第四步：业务拆分独立上市

私有化之后，高瓴资本对百丽国际的业务进行重组，并分别将其归集到相应的业务板块之下。2018 年 9 月，百丽国际将其运动服饰代销业务全部集中到滔搏运动旗下的百丽体育公司，初步搭建了滔搏运动的上市架构。后来，高瓴资本发挥自己在数字化领域的优势，帮助滔搏运动制订了一系列的数字化转型计划，以优化运营，促进业务提升。2019 年 10 月 10 日，百丽国际旗下子公司滔搏国际成功登陆港交所，收盘涨幅为 8.82%，总市值为 573.61 亿港元，超过母公司百丽国际私有化时的 531 亿港元。这也意味着，高瓴资本所主导的业务拆分取得了重大成功，高瓴资本和鼎晖投资凭借滔搏国际的上市大赚一笔，也有了充足的资金去偿还当初私有化百丽国际时的银行借款。

8.3 员工持股企业

8.3.1 员工持股起源与演变

在西方国家，员工持股是在股份制经济发展了数百年以后，为适应新的形势需要才应运而生的。推行员工持股的目的在于，承认员工劳动力产权，使之参与企业利润分配，获得资本收益，并建立起相应的约束与激励机制，将员工个人利益与企业经济效益紧密相连，以改善企业经营绩效。

在中国，股份制企业是在 20 世纪 80 年代初期逐步产生和发展起来的。它的建立是从对计划经济体制下的传统国有企业或集体企业的改造开始的。而这种改造，又是在缺乏有关股份制企业明确的法律规范的情况下，从由本企业员工购买或以其他形式持有本企业股份开始的。股份制企业中的员工持股是与股份制企业同时诞生的，可以说是股份制改革的起点。由于这一特殊的历史背景，员工持股呈现出形式繁多、性质不一的状况：上市公司的内部职工股，定向募集公司的内部职工股，由集体企业内部积累形成的内部职工股，某些民营企业中有特殊贡献人员的创业股与贡献股（所谓干股），股份合作中职工投资形式的内部职工股份等。其中，华为的员工持股做得非常成功。

8.3.2 华为的员工持股

1987年，任正非与5位合伙人共同投资成立深圳市华为技术有限公司（华为公司前身），注册资本仅2万元，6位股东均分公司股份。

在电信、IT等高科技领域，各个公司的核心资源不是固定资产，而是掌握核心技术的员工，且行业内人员的流动性较大。正因如此，华为、中兴通讯等公司之间对于核心员工的争夺异常激烈。为留住人才，给核心员工配发公司股票和期权，是这些高科技公司普遍采取的方法。同时，在华为发展的初期，员工持股也作为一种内部集资的方式，在外部融资渠道不畅时，为公司发展筹集了宝贵资金。

任正非在《一江春水向东流》中写道："我创建了华为公司，当时在中国叫个体户，这么一个弱小的个体户，想组织起千军万马，是有些狂妄、不合时宜的，是有些想吃天鹅肉的幻想。我创建公司时设计了员工持股制度，通过利益分享，团结起员工。那时我还不懂期权制度，更不知道西方在这方面很发达，有多种形式的激励机制，仅凭自己过去的人生挫折，感悟到与员工分担责任，分享利益。"可以说，华为的成功在很大程度上得益于其建立了"力出一孔，利出一孔"的"价值创造、评价、分配"机制。华为的员工持股制度，是企业界研究、学习的标杆。

1. 第一阶段：内部股制度（1990—2000年）

1）1990年启动员工入股

自1990年起，华为公司员工开始以每股1元的价格购入公司内部股。此外，华为与各地电信、行业客户成立的合资公司，其员工也享有认购资格。当时内部股制度规定，为每名持股员工颁发股权证书，并盖有华为公司资金计划部的红色印章。如果员工调离、退休以及离开公司，将由公司回购股份，回购价格也是每股1元。

至1997年，华为公司的注册资本已达7005万元，其中688名华为公司员工总计持有65.15%的股份，而其子公司华为新技术公司的299名员工持有余下34.85%的股份。

2）1997年建立公司工会

1997年6月，华为公司建立了华为公司工会和其子公司华为新技术公司工会，将相应员工股份划转至工会集中托管，并代行股东表决权。划转后，华为公司工会、华为新技术公司工会和华为新技术公司分别持有华为公司61.86%、33.09%和5.05%的股份。

虽然身为民营企业，华为还是将自己的员工持股方案上报给深圳市体改办。1997年11月，深圳市体改办对华为公司内部员工持股方案做出批复，原则上同意其改制方案。

3）1999年工会全权持有公司股份

1999年6月，华为公司工会以现金收购了华为新技术公司所持5.05%的股份，同时收购了华为新技术公司工会所持21.24%的股份。至此，两家工会——华为公司工会和华为新技术公司工会，分别持有华为公司88.15%和11.85%的股份。

4）2000年二元股权结构

2000年12月，华为新技术公司工会所持11.85%的股份被并入华为公司工会，而任正非所持的3500万元股份被单独剥离。华为公司股权结构变成二元结构：华为公司工会持有 98.9%，任正非持有 1.1%。

5）内部股制度点评

华为早期每股 1 元的入股价格相当有吸引力，这让华为在获取银行融资较为困难的初期，依靠内部融资的方式渡过了难关。1997 年，华为的注册资本增加到 7005 万元，增量全部来自员工股份。1998 年至 2000 年，华为的内部股激励机制一度让华为的业绩急速飙升。

2. 第二阶段：虚拟股制度（2001—2014 年）

1）2001 年推出虚拟股制度

2001 年，深圳市政府颁布了新的《深圳市公司内部员工持股规定》（以下简称《员工持股规定》），适用范围扩大到民营企业。当时的《员工持股规定》明确规定，员工持股会（以下简称"持股会"）负责员工股份的托管和日常运作，以社团法人登记为公司股东。

同年 7 月，华为公司股东大会通过了股票期权计划，推出了《华为技术有限公司虚拟股票期权计划暂行管理办法》（以下简称《办法》），并得到了深圳市体改办批复同意。根据《办法》的规定，华为虚拟股的买入与回购价格均等同于每股净资产，计算方式依据四大审计师事务所之一——毕马威公司的审计报告，但具体计算方式并不公开。另外，华为公司员工可从中国银行、工商银行、平安银行和建设银行四家银行的深圳分行获得贷款，用于购买虚拟股。这大大减轻了员工购买股票的资金压力。

虚拟股制度与当年联想控股等公司的持股会制度最大的不同是，联想持股最终将公司产权落实到了个人身上，而华为员工所持虚拟股仅限于分红和股价增值收益,不涉及产权,掌握实际权力的是华为控股股东会。而在涉及华为控股增资扩股、分红和人事任免等问题时,其股东会议历次只有两人参加——任正非和孙亚芳,他们才是华为控股真正的两家股东的代表。

2)2003年成立控股公司

2003年,深圳市华为投资控股有限公司(以下简称"华为控股")成立,任正非持股1.0708%,华为公司工会持股98.9292%。与此同时,华为公司工会持有的华为公司股份全部转给华为控股。调整后,华为公司股权结构变更为华为控股占99.99%,华为创业元老副总裁纪平占0.01%。

2004年,华为公司股权结构再次变更:华为控股占99%,任正非占1%。

成立华为控股后,华为公司原有的内部员工持股制度、期权激励计划也被平移至华为控股的平台。

为什么要设立华为控股作为华为公司持股的主体?对此,华为公司和深圳市体改办在相关的行文当中均言简意赅,大体称为了国际化,便于与战略投资者合作。一位与华为公司曾经有过深入接触的律师分析认为,成立华为控股,既便于华为旗下资产的资本运作,也使得本不透明公开的股权激励体系更容易被股东掌握。

3)2008年规定配股上限

2008年,华为公司规定了员工的配股上限,每个级别达到上限后,就不再参与新的配股。这一规定使得手中持股数量巨大的华为老员工们的配股受到了限制，但是有利于激励华为新员工们。

4）2011年银行停止员工贷款买股

2010年2月，银监会发布《个人贷款管理暂行办法》和《流动资金贷款管理暂行办法》，规定个人贷款只能用于生产经营和个人消费，银行贷款不得用于固定资产、股权的投资。

2011年7月21日，华为控股工会财务处发布《关于2011年虚拟受限股交款具体操作的通知》，首次明确，由于国家相关政策调整，各商业银行将停止操作虚拟股购买贷款，员工认购资金须全部自筹。

员工贷款买股的方式被停止之后，华为控股工会提出应对方案：职级18级及以上的较高级员工的认购资金全部自筹解决，职级17级及以下较低级员工，个人筹集资金有困难的，可提交申请，由工会协调内部员工之间相互借款。

5）虚拟股制度点评

自从虚拟股制度实行之后，华为通过虚拟股增发的形式，获得了大量的资金。自2004年至2014年，华为控股工会和任正非两家股东新增持股63.74亿股，总计增资275.447亿元。同期，华为公司销售收入从462亿元增长到2881亿元。虚拟股制度极大地促进了华为的成长。

事实上，华为的融资额度已高于一般上市公司的水平，而且相比上市公司股权激励，华为虚拟股融资的流程更简单，几乎没有监管成本。此外，华为的虚拟股仅拥有利润分享权，公司的实际控制权仍掌握在管理团队手里，不会随着虚拟股的增多而稀释，但就利润分享权本身而言，已让华为的员工收益颇丰。10 年间，华为的虚拟股价值增值超过 15 倍，如果员工通过贷款买入虚拟股则收益更大。有员工在华为公司的心声论坛上表示，在房地产、股市投资形势不明朗的情况下，华为内部股票是华为员工最可靠、稳定的投资渠道。"我身边没有人不买。"一位华为员工说。

以下两个有利条件也帮助华为有条不紊地完成了体量巨大的从实体股到虚拟股的转变：一是当时正值网络泡沫破灭之时，华为公司正经历其历史上的第一个"冬天"，许多员工对公司股票的价值期望不高，且分红收益较低；二是任正非当时鼓励大批员工"辞职再回岗"以便完成股票回购，董事长孙亚芳也参加了这一计划。华为公司股票在虚实之间的悄然转换，意味着其在治理结构上已经从一家全员持股公司变成由两个实体股东所控制的公司。

3. 第三阶段：TUP 时间单位计划[①]

随着国内通信行业市场份额基本饱和，华为公司迅猛发展的态势依旧，并将目标瞄准海外市场。全球市场的拓展仍需巨额资金的投入，而此时国家股权激励相关政策的出台，致使华为虚拟受限股的信贷计划被迫暂停，员工无法获得足额资金购买本公司股票。老员工从长期持有的虚拟受限股中收益颇丰，产生了懈怠情绪，工作积极性下降，而新员工即使很努力，也迟迟得不到收入的提高，公司内部出现了薪资待遇不公平的问题。

[①] 杨莉. 华为公司股权激励的演进与启示 [N]. 广西质量监督导报. 2020-01.

为了解决问题，华为公司再次进行股权激励变革，推出了 TUP（Time Unit Plan，时间单位计划）。TUP 规定每年根据不同员工的岗位级别与绩效，配送一定比例的期权。该期权的受益对象为公司所有员工；期权不用现金购买，周期为 5 年，第 5 年获得股票增值结算后，股票的数额清零。例如，某位员工 2014 年获得了 TUP 资格，获得 1000 股股票，规定当年没有分红权；2015 年，该员工可获得 1/3 的分红；2016 年，该员工可获得 2/3 的分红；2017 年，该员工可获得全部分红；2018 年，该员工在获得全部分红的同时还可获得股票增值结算收益，结算完毕股票数额即清零。

TUP 的实施，减轻了员工购买股票的资金压力，提升了员工对于股票增值的关注度，使员工更加勤恳尽责，为公司创造更多价值。随着 TUP 在海外市场的运用以及在全球范围内的推广实施，华为吸引了大批海外优秀人才，公司的综合竞争力持续增强。

随着华为公司 TUP 的推出，其 2013 年度销售收入为 2390 亿元，净利润达 210 亿元；2014 年度销售收入为 2882 亿元，净利润达 278 亿元；之后几年收益均稳定增长；截至 2018 年年末，公司销售收入为 7212 亿元，净利润达 593 亿元，员工人数达 18.8 万人。可见，华为公司在成熟期实施 TUP 所取得的效果十分显著，使公司在国际市场上大放异彩，收益颇丰。

TUP 实施后华为历年分红及增值收益[①]：

2013 年，股价 5.42 元 / 股，总收益 1.71 元，其中每股分红 1.47 元，增值 0.24 元，分红收益率 27.1%；综合收益率 31.5%。

2014 年，股价 5.66 元 / 股，总收益 2.14 元，其中每股分红 1.90 元，增值 0.24 元，分红收益率 33.6%；综合收益率 37.8%。

2015 年，股价 5.90 元 / 股，总收益 2.86 元，其中每股分红 1.95 元，增值 0.91 元，分红收益率 33.1%；综合收益率 48.5%。

2016 年，股价 6.81 元 / 股，总收益 2.57 元，其中每股分红 1.53 元，增值 1.04 元，分红收益率 22.5%；综合收益率 37.6%。

2017 年，股价 7.85 元 / 股，总收益 2.83 元，其中每股分红 1.02 元，增值 1.81 元（变向增发 23%），分红收益率 13.1%；综合收益率 36.4%。

2018 年，股价 7.85 元 / 股，总收益 2.61 元，其中每股分红 1.05 元，增值 1.56（变向增发 20%），分红收益率 13.4%；综合收益率 33.2%。

2019 年，股价 7.85 元 / 股，总收益 2.11 元，其中每股分红 2.11 元，不增值（不增发）；分红收益率 26.9%；综合收益率 26.9%。

4. 发展成果

华为的销售收入从 1992 年的 1 亿元增长到 2020 年的 8914 亿元，复合增长率达 37%；净利润从 1992 年的 1000 万元增长到 2020 年的 646 亿元，复合增长率达 35%；净资产从 1987 年的 2 万元（初始资

[①] 新浪财经. 华为宣布 2020 年分红 回首历史五次股权变革 [EB/OL].（2021-02-05）[2021-04-05]. https://finance.sina.com.cn/chanjing/gsnews/2021-02-05/doc-ikftpnny5308951.shtml.

金）增长到 2020 年的 3304 亿元，复合增长率达 77%。

截至 2020 年年底，华为拥有超过 19.7 万名员工，其中约有 10.5 万人从事研发工作。华为在全球拥有 21 个研发机构、36 个联合创新中心及 14 个研究机构（分布在中国境外 10 余个城市），每个研究机构设有 2～4 个研发中心。华为以研发投入高闻名，2020 年，其在研发方面的投入达 1419 亿元，近 10 年累计研发投入达 7200 亿元。

成立 30 多年来，华为在 170 多个国家和地区部署了产品和服务。它在 2013 年超越爱立信，成为全球最大的电信设备制造商；在 2018 年超越苹果公司，成为全球第二大智能手机制造商，仅次于三星电子；在 2020 年二季度一度成为全球最大的智能手机制造商。华为在 2021 年《财富》世界 500 强排行榜中位列第 44 名，连续多年位居中国民营企业 500 强第 1 名。

华为目前作为世界上拥有 5G 专利最多的电信公司，其 5G 技术和应用实力全球领先。自 2018 年以来，华为被美国列入实体清单，遭受了多轮制裁和打压。在此不利的情况下，华为发展势头仍旧不减。可以说，华为是中国企业独立自主、艰苦奋斗的丰碑。

资本市场中成熟企业的股权架构，其股东主要包含创始人、联合创始人、合伙人、管理团队、核心员工、投资机构、公众投资人等各类利益相关者。他们经过一系列的权力、利益角逐，最终达成各方均可接受的"权、责、利"相平衡的状态。

第三部分

股权治理

第9章
股权治理的基本原理

良好的股权治理也需要构建稳定的三角形，处理好"四个三角形"的关系，即处理好"企业家、投资者、核心人才"三要素的关系，"控制权、经营权、收益权"三权的关系，"股东会、董事会、总经理办公会"三会的关系，"创业元老、管理团队、接班人"三股力量的关系。

良好的公司治理是公司得以成功发展的必要条件。随着公司股权结构社会化的发展（包括公司开展股权激励以及上市等），公司的所有权与管理权的逐渐分离，控股股东与中小股东权利的平衡成为公司治理焦点，股权治理也成为公司治理中最为重要的一环。可以说，没有良好的股权治理，公司治理也就无从谈起。公司治理追求的目标是所有者与经营者之间权利与义务的均衡从而实现利益最大化，股权治理则是通过股权的手段去实现公司治理的上述目标。

从物理学角度来说，三角形具有稳定性，运用到股权治理层面，我们认为良好的股权治理也需要构建稳定的三角形，处理好"四个三角形"的关系，即处理好"企业家、投资者、核心人才"三要素的关系，"控制权、经营权、收益权"三权的关系，"股东会、董事会、总经理办公会"三会的关系，"创业元老、管理团队、接班人"三股力量的关系。

9.1 "企业家、投资者、核心人才"三要素的关系

法国早期经济学家萨伊认为，劳动、资本和土地是生产的三要素；英国经济学家马歇尔则将"生产三要素"扩充为"生产四要素"，认为劳动、资本、土地和组织（企业家才能）是生产的四要素，首次将企业家才能作为生产的要素，对后世经济学的发展影响深远。

在现代的市场经济中，土地对于大多数行业，尤其是中小型企业来说，是一个比较遥远甚至陌生的要素，人们关注的焦点更多地在"组织（企业家才能）、资本、劳动"三要素上，因此，对于现代企业来说，处理好"企业家、投资者、核心人才"的关系是实现企业价值最大化的重要命题。企业家提供组织（企业家才能）要素，投资者提供资本要素，核心人才提供劳动（包括技术）要素。企业只有处理好这三要素的关系，才能将其相结合进而发挥出价值。

9.1.1 三要素的内涵

要想处理好"企业家、投资者、核心人才"三要素的关系，首先需要了解这三要素的内涵。

1. 企业家

企业家的原意是指冒险事业的经营者或组织者，简单地说，就是公司的投资和经营是有风险的，这种风险由企业家承担。企业家是利用自己的才能对土地、资本、劳动等生产要素进行有效组织和管理的高级管理人才。企业家才能是指企业家组织生产、经营管理、努力创新和承担风险的能力总和。

经济学家关于企业家的论述：

法国早期经济学家萨伊认为，企业家是冒险家，是把土地、劳动、资本这三个生产要素结合在一起进行活动的第四个生产要素，承担着可能破产的风险。

英国经济学家马歇尔认为，企业家是以自己的创新力、洞察力和统率力，发现和消除市场的不平衡性，创造交易机会和效用，给生产过程提出方向，使生产要素组织化的人。

美国经济学家熊彼特认为，企业家是不断在经济结构内部进行"革命突变"，对旧的生产方式进行"创造性破坏"，实现生产要素重新组合的人。

美国经济学家德鲁克认为，企业家是革新者，是勇于承担风险、有目的地寻找革新源泉、善于捕捉变化，并把变化作为可供开发利用机会的人。

从上面的论述可以看出企业家的两个本质特征：冒险和创新。企业家与一般厂长、经理等经营者的不同之处就在于，企业家敢于冒险，善于创新。

企业家有两种：一种是不掌握任何公司资产（股权），却负责经营、管理公司的经理人；另一种是既掌握公司资产（股权），又负责经营、管理公司的人（既是企业家，也是投资者）。在如今社会的股权激励模式下，企业家常常也是投资者。

2. 投资者

投资者是指为企业提供股权资本，拥有企业资产份额的人，即企业的股东。投资者为企业提供资本要素，为企业的生产经营提供原始资本，并根据自己的投入资本分享企业的利润。

另外，随着社会分工的专业化，股权投资也逐渐变为一种专门的职业。专业投资机构的大量出现，诞生了一批股权投资从业人员（投资人），从事专业的股权投资活动。这类人员虽然不拥有所管理资本的所有权，但是能决定或者参与决定资本的投向，拥有所募集资本一定期限内的管理权限和潜在的收益权，因此，在本书的分析框架中也可以称之为投资者。

3. 核心人才

核心人才是指拥有高超的专业素养和优秀的职业操守，在企业发展过程中，为企业做出或者正在做出卓越贡献的员工，核心人才的存在弥补了企业发展过程中的某些空缺或者不足。

核心人才具有比其他员工更强的竞争力。在企业中，80%的价值往往是由20%的人创造的。毫无疑问，这20%的人就是企业的核心人才。在产品、技术、渠道等竞争因素趋于同质化的情况下，人才成为企业之间差异化竞争的焦点，而创造了企业80%价值的核心人才，更是企业参与产业竞争的主力。

9.1.2 三要素的关系

企业家、投资者和核心人才在企业中分别提供企业家才能、资本、劳动三要素，共同创造企业价值。因此，在企业发展的各个阶段，必须构建和谐的要素关系。

1. 秉持"专业的人干专业的事"的理念

企业家和投资者相互依存和掣肘是商业故事里永恒的主题，虽然有时会出现不可避免的冲突，但大多数时候需要彼此之间的默契配合。

最有可能让企业家和投资者之间产生嫌隙的就是企业估值、股权重构、利益分配等问题。而企业真正取得长远发展所依靠的核心是自身的创新和升级，如此才能实现企业价值的最大化，这也是双方共同努力的最终目标。为了实现这个最终目标，无论是财大气粗的投资者，还是运筹帷幄的企业家，都必须秉持"专业的人干专业的事"的理念，一方解决好"钱从哪里来的问题"，另一方解决好"钱用在哪里"的问题，分工明确，相互配合。

如果非要在企业家和投资者之间分出一个主次关系，则要看企业发展的具体情况。

在资本稀缺时，企业的发展由资本占据主导权；在资本充裕时，由企业家雇佣资本。在资本稀缺时，融资是企业发展的第一要务，没有融资，企业就没有生存和发展的"粮草"，更谈不上未来的企业价值，这个时候应该由资本要素占据主导地位，投资者的话语权上升。对于既是企业家也是投资者的企业家而言，其投资者属性应占据主导地位，即首先解决好融资的问题。

在资本充裕时，也就是当企业已完成融资或者不需要融资时，企业家属性应占据主导地位，即企业家雇佣投资者和核心人才。企业家（通过发挥企业家才能）将资本和劳动要素组织起来，根据企业的发展战略，在各业务间分配或调配要素资源，实现企业的发展目标，推动企业价值最大化。

"专业的人做专业的事"这一原则，在巴菲特的投资理念中极其重要。一般的投资公司在收购一家公司后，会插手其原有业务并对它做出调整。即使该公司一直以来运作良好，投资公司也会要求被投资公司做出改革。但巴菲特的做法截然不同。他在收购一项业务前必须先认同其经营策略，而收购后则采取管理上不干预的政策。只要管理者明确自己的目标，巴菲特在管理过程中绝不会扮演主动干预的角色。

通常来说，投资者看得越近，和管理者（企业家）的冲突越大。但在巴菲特麾下，管理者可放眼未来，这就减轻了他们的心理压力，让他们可以集中精力推动公司向前发展。喜诗糖果首席执行官布拉德·金斯特十分欣赏巴菲特处理业务的理性态度。他说："巴菲特做生意能着眼于长线回报。他不会无理要求我们在任何经济环境下保持稳定回报及收入增长，所以我们可以合理地做长线计划。他也不期望一笔生意从第一天开始便经营得很理想。他明白商业道路难免崎岖不平，所以当问题发生时，我们只要解决它，让公司继续前行，那便是正确的做法！"

2. 核心人才在任何时候都至关重要，要激励核心人才

核心人才能够帮助公司实现战略目标，保持、提高公司的竞争优势，直接帮助上级提高管理能力、经营能力和抵御公司管理风险能力。核心人才激情满怀、勇于负责、思维开阔，不仅自身充满活力，而且有能力带动周围的同事。核心人才具备稀缺性，具备优秀的专业能力和发展潜力，并且其能力和潜力与公司战略或业务之间高度关联，因此，核心人才能够为公司创造巨大价值。

彼得·德鲁克说："核心人才不能被有效管理，除非他们比组织内的任何其他人更知道他们的特殊性，否则他们根本没用。"因此，企业家和投资者需要尊重核心人才，提高核心人才的待遇，对核心人才应该以激励为主、管理为辅，充分发挥其专业能力和发展潜力，为公司创造最大价值。

激励为主。正如前文所说，20%的核心人才能够创造80%的公司价值，如果不能够采取相应的激励措施，对核心人才进行重点激励，则很可能造成核心人才的流失，这对公司未来发展是极为不利的。

管理为辅。对于核心人才不应该采取传统的管理手段，限制过多反而不利于其能力和潜力的发挥。对于核心人才，公司应该通过文化宣导，培育核心人才对企业文化的认同感。只有在认同企业文化之下，核心人才才能自发地为公司发展贡献自己的力量。

9.2 "控制权、经营权、收益权"三权的关系

在传统公司形式下，公司的所有者同时也是经营者，即公司的所有者直接行使经营权，获得公司的经营收益。在这种情况下，公司的控制权、经营权、收益权是统一的，不存在现代公司"所有权与经营

权分离"的代理问题，相应地，也不存在现代公司的控制权问题。但是在现代公司形式下，由于公司规模的扩大化、业务领域的多元化、股东的社会化，公司的所有者与经营者出现了分离，所有权与经营权分别由不同的权利主体行使，现代公司的代理问题就自然而然地出现了。

随着管理制度的创新，公司的"控制权、经营权、收益权"三权出现了分离。在这种情况下，为了构建更加有效、稳定的公司治理结构，保障公司的长治久安，和君咨询创造性地提出了处理三权分离问题的原则——控制权要稳定、经营权要充分、收益权要分享。

9.2.1 三权的内涵

1. 控制权

控制权是指在必要时能够对公司决策施加决定性影响的能力。也就是说，控制权实际上是一种影响力。虽然"影响"二字看起来不够强硬，但是这种影响是决定性的，公司的最终战略都笼罩在这种影响力之下。

控制权在表现形式上，通常为对公司董事的选拔、任用和解聘权。这是由公司控制权的间接性和公司董事会作为公司法人执行机关的地位决定的。控制权的权利主体一般是控股股东或者实际控制人。

2. 经营权

经营权是对公司资产和公司所拥有的资源的占有、使用和处置的权利。经营权一般表现为对公司经营活动的决策权。

现代公司一般都是具有独立的权利能力和行为能力的法人组织，

因此，公司法人对公司资产和公司所拥有的资源有占有、使用、处置的权利。在实际的企业运作中，经营权的权利主体是公司的董事会。

3. 收益权

收益权是指获取基于所有者财产而产生的经济利益的可能性，是人们因获取追加财产而产生的权利义务关系。也就是说，收益权就是基于所拥有的资产而获取的该资产可能产生的收益的权利。比如，股东基于其所拥有的公司股权而获得分红和股权增值的权利，房东基于其所拥有的房产而获得租金的权利，债权人基于其所拥有的债权而获得利息收入的权利等，都是收益权在经济活动情境中的表现。对于现代公司来说，收益权的权利主体是拥有公司股权的所有股东。

9.2.2 控制权要稳定

不同的股权结构导致了不同公司的控制权分布不同，控制权分布的不同又决定了公司治理结构的不同，并且最终决定了公司的行为和绩效。因此，股权结构作为决定公司治理良好与否的重要因素，其重要性不言而喻。在股权结构中，控制权是公司的"定海神针"，控制权不稳会导致公司"地动山摇"。

"宝万之争"是近年来最为市场所关注的控制权争夺事件。正是由于万科股权分散、控制权不稳，从而引起外部"野蛮人"的觊觎。公司控制权争夺的主要目的是争夺公司的经营权，进而改变公司发展经营战略，因此，控制权的稳定对公司的发展至关重要。

控制权的争夺不仅发生在万科这样的成熟上市公司身上，创业公司也同样面临着争夺的暗流。作为苹果创始人的乔布斯在创业初期曾被董事会开除，新浪创始人王亚东也曾被投资人联合挤出公司，这些都是创业公司控制权争夺的典型案例。当当网李国庆和俞渝的"公章争夺"，也是公司控制权之争的插曲。

对于创业公司的创始人来说，保持公司控制权的稳定十分重要。创业公司在多轮次融资的过程中，创始人的股份会被不断地稀释，外部投资人会逐渐占据公司相当比例的股份。当公司发展处于顺风期时，创始人和投资人的利益矛盾便会被掩盖起来；当公司发展遭遇困难时，创始人和投资人的利益矛盾便会集中爆发。为了防止利益矛盾的爆发损害公司长远发展的利益，公司的控制权必须保持稳定。也就是说，公司必须有控股股东，或者通过表决权委托、一致行动人协议、双层股权架构、优先股及章程控制等手段，保持公司控制权的稳定。

9.2.3 经营权要充分

上文提到了经营权的定义。它一般表现为对公司经营活动的决策权。经营性决策的内容通常指公司具体经营活动中的事务性决策，包括产品销售策略的制定、员工工资标准的确定、公司中层管理人员的选拔任用，等等。在传统公司形式下，公司的经营权直接由股东行使；在现代公司形式下，公司的所有权与经营权出现了分离，公司的经营权被所有者（股东）授予给管理层，控制权仍然保留在公司股东的手中。在这种情况下，公司管理层应根据授予的权限，运用自己的专业能力和管理能力，对公司的资产和所拥有的资源进行经营管理，从而为公司创造经济效益。但是在实际的公司治理中，控制权和经营权容易被混淆，致使拥有控制权的股东常常插手公司的具体经营管理，导致公司的经营"政出多门"、内耗严重，损害管理层的管理权威。

一个公司要想做大做强，离不开专业管理团队的经营管理。在现代商业活动中，市场竞争愈加激烈，商场风云波澜诡谲，对公司的经营管理能力要求越来越高，因此，拥有公司控制权的股东应该对公司的管理层进行充分的授权，这样才有利于管理团队充分发挥自身的能动性，为公司发展贡献力量。否则，管理层束手束脚，在激烈的市场竞争中只会畏首畏尾，错失良机。

9.2.4 收益权要分享

传统意义上，公司的收益权由全体股东所拥有，获得公司分红以及公司股权增值收益的是所有持有公司股权的股东。管理层和核心员工只能拿到工资和奖金（如果没持有公司股权的话）。随着股权激励的兴起，相当多的公司开展了股权激励，有的甚至实现了全员持股，管理层和核心员工通过股权激励拿到了公司的股权，从而拿到分享公司利润的收益权。因此，收益权要分享，就是指应该通过股权激励的方式，让管理层和核心员工参与公司利润的分享。

1991年，星巴克面向全体员工实施了股票期权方案——"咖啡豆股票"计划。每位员工在授予日前一财年的4月1日已经受雇于星巴克，或前一财年连续工作不少于500小时，即有资格获得星巴克的股票期权。"咖啡豆股票"计划实施后，1991年一年挣2万美元的员工，5年后仅以他们1991年的股票期权便可以兑换现金5万美元以上。优厚的薪酬帮助星巴克吸引人才，股票期权帮助星巴克留住人才。在星巴克，每个员工都能持股，都能成为公司的合伙人，员工受到公司的重视与激励，也能更好地服务每位顾客。

"收益权要分享"是符合人性，以人为本、同创共享的理念。通过股权激励，让管理层和核心员工参与公司的收益分享，不仅能够提高他们的工作积极性，还能够增强他们的身份认同感，从而为公司留住优秀人才。

9.3 "股东会+董事会+总经理办公会"三会的关系

9.3.1 公司治理的内涵

近 40 年来，学术界对于公司治理的研究日益深入，然而，由于经济、市场、法律、文化等各方面的差异，世界各国学术界对于公司治理的定义虽有许多相似之处，但至今仍未达成共识。公司治理结构本质上是指所有者、董事会和高级执行人员（高级经理）三者组成的一种组织结构，三者之间形成一定的制衡关系，对应着公司控制权、经营权与收益权的分配。

9.3.2 我国公司治理模式

我国公司治理模式既学习了英美模式，又融合了日德模式。总体来看，如图 9-1 所示[①]。我国公司治理模式与日本模式更相近，即以股东（大）会为最高权力机构，董事会为管理决策机构，监事会为监督机构。其创新之处在于：一方面，我国公司治理模式在董事会制度上

---

① 马永斌. 公司治理之道：控制权争夺与股权激励 [M]. 北京：清华大学出版社，2015.

引进了英美模式的独立董事制度和委员会制度，因此，我国公司治理模式的董事会权力要高于日德模式的董事会权力；另一方面，我国公司治理模式在采用英美模式的董事会基础上又引入了监事会，但相比之下，日德模式的监事会权力远大于我国公司治理模式的监事会权力。

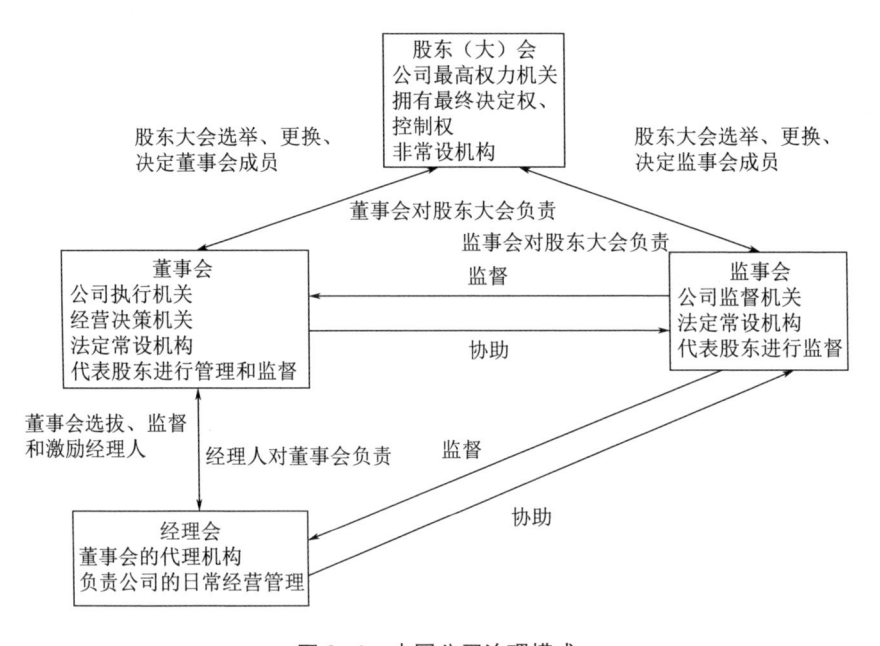

图 9-1 中国公司治理模式

9.3.3 "三会"的运作要点

在公司治理中，股东（大）会、董事会、总经理办公会运作的核心要点在于明确分配与界定"三会"的权责利。

1. 股东（大）会

股东（大）会是公司的最高权力机构。我国《公司法》规定，公司股东依法享有资产收益、参与重大决策和选择管理者等权利。此外，

《公司法》还对股东（大）会的职权做了列举：

（1）决定公司的经营方针和投资计划。

（2）选举和更换由非职工代表担任的董事、监事，决定有关董事、监事的报酬事项。

（3）审议批准董事会的报告。

（4）审议批准监事会或者监事的报告。

（5）审议批准公司的年度财务预算方案、决算方案。

（6）审议批准公司的利润分配方案和弥补亏损方案。

（7）对公司增加或者减少注册资本作出决议。

（8）对发行公司债券作出决议。

（9）对公司合并、分立、解散、清算或者变更公司形式作出决议。

（10）修改公司章程。

（11）公司章程规定的其他职权。

在决策程序上，股东（大）会可分为普通年会和特别会议。普通年会通常一年召开一次，对有关公司战略发展、股东利益等重大事项进行决策。特别会议则根据法定或者公司章程所设定的提议权，就公司的临时或突发重大事件进行决策。在决策形式上，股东（大）会是以股东投票的方式进行决策的，除无表决权的股票或A/B股架构等特殊情况外，一般股东持有的股票为一股一票，即同股同权。

2. 董事会

董事会受股东（大）会委托并对其负责，主要负责内容部分列举如下：

（1）制定公司的经营目标、重大方针和管理原则。

（2）审查和指导制定公司战略、重要行动计划、风险对策、年度预算和商业计划，制定绩效目标，监督目标的执行和企业绩效的实现。

（3）挑选、聘任和监督经理人员，并决定经理人员的报酬与奖惩，使其薪酬与公司和股东长期利益保持一致。

（4）保证董事会选聘和任命过程的正规化、透明性。

（5）监管经理层、董事会成员和股东之间潜在的利益冲突。

（6）制定公司的基本管理制度，并监控其实施成效。

（7）决定公司财务原则和资金的周转，监督重要的资金支出、收购和出售等行为。

（8）提出盈利分配方案供股东会审议。

（9）确保公司的财务会计报告的真实性。

（10）监督信息披露和对外沟通的过程。

（11）召集股东会等。

在程序上，董事会是以会议的形式来行使决策权的，同样可以分为定期会议和临时会议，具体由公司章程及董事会的议事规则来确定具体会议的提议权、召集权和会议主持人的行使权。

3. 总经理办公会

在公司的具体经营层面，则由经理层具体执行，即总经理办公会受聘于董事会，负责公司的生产经营活动。我国《公司法》规定公司经理的职权主要有以下几项：

（1）主持公司的生产经营管理工作，组织实施董事会决议。

（2）组织实施公司年度经营计划和投资方案。

（3）拟订公司内部管理机构设置方案。

（4）拟订公司的基本管理制度。

（5）制定公司的具体规章。

（6）提请聘任或者解聘公司副经理、财务负责人。

（7）决定聘任或者解聘除应由董事会决定聘任或者解聘以外的负责管理人员。

（8）董事会授予的其他职权。

在决策程序与方式上，通常较成熟的公司会制定总经理办公会议事规则等对经理层决策的程序、内容与方式加以明确规定的制度。但最终仍由总经理向董事会和股东会负责，承担总经理办公会的决策责任。

9.3.4 "三会"治理僵局

从公司治理的分工看，股东会是权力机构，董事会是决策机关，总经理办公会是执行机关。然而，在实践中，控制了股东会，并不意味着就能控制董事会，也不意味着就能控制总经理办公会。

因为公司治理缺陷，"三会"矛盾而引发的公司内斗案例比比皆是，最终大多以参与各方俱损收场，对内影响军心、削弱士气，拖累经营业绩；对外损害公司品牌形象与信誉度，甚至导致公司市值暴跌，一蹶不振。

根据相关财经媒体公开报道，2020年大连圣亚旅游控股有限公司（股票代码：600593）（以下简称"大连圣亚"）新旧两派管理层的激烈内斗，便是"三会"治理僵局的典型案例。新任董事长多次吃"闭门羹"被拒于公司大门外，股东大会变成"斗殴大会"，两家律师事务所对于信息披露的立场截然相反等一系列戏剧性事件，令资本市场大跌眼镜。

大连圣亚成立于1994年，以经营水族馆、海洋探险人造景观、游乐园等项目为主，并于2002年上市，成为大连市唯一一家主板上市的旅游公司。2020年，浙江企业主杨子平与磐京基金通过二级市场举牌的方式先后成为大连圣亚大股东。然而，戏剧性转折点发生在2020年6月29日，大连圣亚召开股东大会，免去了董事长王双宏与副董事长刘德义的职务，由杨子平与磐京基金董事长毛崴分别出任新董事长与副董事长，同时，杨子平提名的3名董事和磐京基金提名的1名董事成功当选。随后，新任董事会又免去总经理肖峰等公司高管的职务。

但是，这一系列决策遭到了原管理团队、部分员工以及部分减持股东的强烈抵制，公司内斗的战火由此点燃。

2020年7月1日，大连圣亚员工对杨子平和磐京基金进行实名举报，称股东大会决议不合法。7月中旬，大连圣亚职工代表成立"公司应急工作组"，声称其功能系"在公司遭遇突发及紧急事件时，维护公司正常运作秩序、保护公司财产安全"等。8月14日，大连圣亚发布了《关于公司涉及诉讼的公告》。原总经理肖峰等人通过上诉的方式，要求撤销董事会解聘公司高管的决议。原管理团队认为杨子平具有操控董事会、清洗管理层之嫌，并拒绝移交公司公章及上市公司信息披露的密钥。随后，事件逐步发酵，公司股东兼新任董事长杨子平、副董事长毛崴欲进入公司与员工沟通交流，但被阻拦，其甚至通过向有关部门投诉的方式，也未能进入公司。9月2日晚间，大连圣亚连发5篇公告，回复监管部门关于公司董事会决议的问询。上述5篇公告分别由争议双方，即新任董事长一方与原管理团队一方，各自以大连圣亚的名义聘请不同的律师事务所出具意见后发出，且两家律师事务所针对问询事项给出了截然相反的法律意见书。矛盾的高潮发生在9月7日，大连圣亚在公司总部召开"2020年第一次临时股东大会"，股东大会结束后将召开董事会。按照通知，原管理团队需要列席股东大会，然而，原管理团队全体缺席，还有多名董事也未参加会议。就在股东大会结束后、董事会开会前，争议双方发生了激烈冲突，杨子平被人"架"出会场，毛崴与另一位股东代表被多人打伤送入医院。

在股东大会冲突事件之后，大连圣亚的新旧管理团队的控制权之争一度陷入僵局。在多方沟通和斡旋之下，争斗双方开始寻求解决方案。2020年9月17日晚间，大连圣亚发布公告称，董事会已收到肖峰提交的辞职报告，原管理团队的5名核心人员也因个人原因主动离职。9月21日，大连圣亚董事长杨子平与副董事长毛威顺利进入公司办公，与原管理部门有序地进行了工作交接。

大连圣亚的股东纠纷、董事会悬空、新旧管理团队冲突、信息披露乱象等一系列事件，反映其公司治理陷入僵局，即股东（大）会、董事会和总经理办公会"三会"的关系未厘清，彼此间爆发激烈的冲突。最终，公司元气大伤，投资者失去信心，纷纷逃离。大连圣亚在2020年最后一个季度末股价连连下跌，几近腰斩。

综合分析，公司治理结构主要是由股东（大）会、董事会、监事会、管理团队以及员工之间形成的权责利相对应、相互监督的制度体系，其核心是各个利益主体间的分权、分工、制衡机制。只有厘清三者之间的关系，公司才能进入良性的治理状态，稳定发展，实现价值最大化。

9.4 "创业元老、管理团队、接班人"三股力量的关系

9.4.1 企业内部的"三国演义"

企业管理就是合理有效地组织与管理人力资源，使其为企业的使命共同奋斗。它与企业治理的本质都是洞察人性，以人为本。一个企业从创业到成熟，再到传承，其在生命周期的不同阶段都不可避免地

会出现创业元老、管理团队、接班人等各类特色鲜明的个人或群体。如何正确理解各方诉求，如何合理分配各方利益，如何有效均衡各方势力，是创始人维持企业平衡并实现基业长青的核心命题。

从长时间维度看，创业元老、管理团队、接班人三方是围绕企业运行的三颗"行星"，如图9-2所示。他们拥有既定的轨迹与职责，相互之间形成制衡的作用力与反作用力，相互协调以保持整个体系的正常运转。若其中任何两方的力量失衡，均会导致整个体系的平衡状态被打破，甚至造成"彗星撞地球"般的毁灭性打击，使企业分崩离析。从不同的发展阶段看，企业内部各方势力因阶段不同而存在不同的矛盾与冲突点。

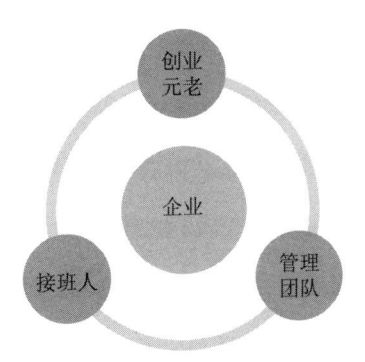

图9-2 创业元老、管理团队、接班人三方是围绕企业运行的三颗"行星"

1. 创业阶段—成熟阶段

企业在从创业阶段进入高速成长期或成熟发展期的过程中，为了应对市场竞争，加速技术与产品迭代，需要在其内部不断进行新陈代谢：一方面需要淘汰一部分心态上懈怠或能力跟不上的老员工；另一方面需要引入更具创新与拼搏精神，且能力更强的新生力量。一部分新晋人才是综合素质较高、能力较强的管理型人才，短时间内便成为企业发展的中流砥柱。在这个过程中，不可避免地会出现创业元老与新晋管理团队的冲突。创业元老在企业创立初期承担了更多的风险，他们陪伴企业度过艰难时期，彼此之间、与企业之间荣辱与共，建立了深厚的"革命情谊"，也在企业中拥有德高望重的地位。然而，企业的岗位有限，后期进入的管理团队，或空降的职业经理人可能会逐渐取代原本属于创业元老的岗位。因企业的发展阶段与市场定价的改变，外部管理团队常常是以高薪聘请的，由此便产生创业元老与管理团队同职不同薪的状况。此外，新晋的职业经理人或管理团队处事风格与管理方式可能与创业元老所适应的传统模式格格不入。如此种种，使得创业元老内心意难平，长此以往便形成创业元老与管理团队之间的矛盾与冲突。若创始人无法在"情、法、理"之间做好抉择，有效调节与平衡创业元老与管理团队之间的利益关系，将在内部埋下一颗定时炸弹，对企业长久稳定发展造成巨大威胁。

2. 成熟阶段——企业传承

企业进入成熟阶段后，便需要将企业传承事宜逐步提上日程。通常，企业接班人可以分为内部接班人（家族成员）和外部接班人（职业经理人）。对于内部接班人而言，其优势在于了解家族文化、传统与习俗，彼此之间拥有相同的价值观、高度的信任感，并对家族忠诚，对企业传承有使命感；其劣势在于存在一定的家族固化思维，灵活性不足。此外，随着经济全球化与互联网时代的到来，企业的长久发展对领导者的知识、技能、经验等方面提出更高要求，仅仅在家族内部挑选接班人存在较大的局限性。同时，部分家族企业的继承人对于继承家业并无兴趣，无心也无力接管上一辈打下的江山。

对于外部接班人而言，其优势在于学历高、视野广、能力强、格局大，由职业经理人作为企业的接班人最大的好处是能够为企业带来新理念、灵活度与先进管理制度，使企业能够紧随时代步伐，缓解体制僵化导致的发展停滞。但是，外部接班人也有其固有的缺陷，比如市场机制仍在不断探索发展过程中，职业经理人制度并未成熟，由此产生的代理风险与道德风险使家族企业与职业经理人之间存在天然的不信任感。

在企业传承的过程中，控制权重新配置导致的利益纠纷，以及创业元老、管理团队、接班人等各方经营理念的冲突，常常使企业传承变得更加复杂与艰难，甚至可能成为企业命运的"生死之劫"。

首先，创业元老与接班人可能存在利益冲突。无论接班人来自家族内部还是外部，对于创业元老而言，都是后来者。前文提到，创业元老对于企业发展与壮大做出了巨大的贡献，广受尊敬。若接班人的管理风格、发展理念与创业元老不符，就有可能出现创业元老离职，或接班人个人权威不足、难以服众等情形，最终阻碍企业传承的顺利进行。

其次，管理团队与由家族成员或职业经理人担任的接班人可能存在利益冲突。现有的管理团队是企业的既得利益者，接班人的进入所带来的管理不确定性或信任不确定性可能对其岗位造成威胁，甚至使其蒙受损失。

最后，内部接班人与外部接班人也可能存在利益冲突，其本质是家族企业与职业经理人之间的利益冲突。选择职业经理人是家族企业对于"两权分离"的现代企业治理模式的尝试，也是企业现代化转型和成熟的标志之一，是企业迈向规模化、专业化和制度化的必经之路。然而，基于前文提到的市场机制和职业经理人制度等方面的缺陷，家族企业与职业经理人建立信任关系的难度较大。

研究表明，除了创业元老、管理团队、接班人这三股主要力量，其他利益相关者，比如企业中小股东、员工等，也对企业的发展与传承具有一定的影响作用。因而，企业的发展与传承过程其实是在各利益相关者之间寻求协调与平衡，并不断建立稳态的过程。

9.4.2 国美电器的传承与控制权争夺

国美电器控股有限公司，现更名为国美零售控股有限公司（以下简称"国美电器"），成立于1987年，注册地位于百慕大群岛，实际控制人与创始人均为黄光裕，是一家主要从事家用电器及消费电子产品零售业务的全国性连锁公司。2004年，国美电器成功登陆香港联交所（股票代码：00493）。

国美电器的"交接班"故事可追溯到2006年，从公司实施并购扩张，引入职业经理人开始。2006年7月25日，国美电器与永乐电器正式宣布两家公司合并。合并后，控股股东黄光裕持股比例从68.26%稀释至51.40%，并继续出任董事局主席；原永乐电器董事长陈晓间接持有国美电器12.5%的股份，成为公司第二大股东并出任CEO。陈晓入职后便全面负责国美电器的日常经营管理工作，而黄光裕则将工作重心转移至公司战略制定和资本运作上。入职后，陈晓一路晋升，并于

2007年5月22日正式进入国美电器董事局担任执行董事。

然而，2008年11月19日，国美电器创始人黄光裕因涉嫌操纵股价罪被检察机关带走，直接导致带有深刻黄光裕烙印的国美电器深陷困境。11月27日，陈晓接替黄光裕担任国美电器董事局代理主席。12月23日，黄光裕妻子杜鹃因涉嫌协助操纵股价辞去国美电器执行董事一职。至此，国美电器董事局不再有家族成员任职。2009年1月16日，陈晓临危受命，正式出任国美电器董事局主席兼行政总裁，承担起带领国美电器走出危机的责任。

虽然陈晓在正式掌权后，采取一系列措施积极应对由金融危机给行业整体带来的负面影响，以及黄光裕入狱给国美电器造成的损害，但最终未能带领国美电器走出危机。国美电器的经营业绩出现大幅下滑，其规模优势与门店资源也被竞争对手抢占。短期债务偿付压力还使国美电器陷入债务危机。为填补资金缺口，2009年6月22日，以陈晓为首的董事会同意接受贝恩资本以可转换债券的形式入股国美电器，占股比例约为国美电器总股本的9.98%，并签署苛刻的融资协议条款：

（1）陈晓的董事会主席至少任期3年。

（2）确保贝恩资本的3名非执行董事和1名独立董事进入国美电器董事会。

（3）陈晓、王俊洲、魏秋立3名执行董事中至少2名不被免职。

（4）陈晓以个人名义为国美电器做贷款担保，如果离职将触及违约条款。

以上条款一旦出现违约情况，贝恩资本就有权要求国美电器以1.5

倍的价格（24亿元）赎回可转债。陈晓引入贝恩资本后，黄光裕的股权比例由绝对控股的33.98%降为相对控股的30.65%，而陈晓与国美电器、贝恩资本的绑定也被黄光裕家族质疑为别有用心，由此激化了职业经理人陈晓与黄光裕家族的矛盾。

2010年5月11日，黄光裕家族与陈晓、贝恩资本在国美电器股东大会的正面对冲突标志着国美电器控制权争夺战的开始。在股东大会上，黄光裕家族及其支持者否决了12项决议中的5项，包括来自贝恩资本的3位非执行董事的任命。由于国美电器在百慕大群岛注册并于香港上市，采用的是英美公司治理模式，奉行"董事会中心制"。面对黄光裕的突然发难，国美电器董事会连夜召开紧急会议，推翻股东大会的决议，并重新委任贝恩资本的3名前任董事进入国美电器股东会，这一做法的依据是国美电器的公司章程："股东大会授权公司董事会有权在不经股东大会同意的情况下任命公司非执行董事，直至下一届股东大会投票表决。"同样值得注意的是，当国美电器控制权争夺战打响时，曾经与黄光裕并肩作战的创业元老们，包括国美电器4位副总裁孙一丁、李俊涛、牟贵先、何阳青及财务总监方巍在内的高管，均选择与陈晓组成攻守联盟，公开表示要"力挺陈晓"。

最终，因为职业经理人与家族利益的冲突，国美电器空前激烈的控制权争夺战使其元气大伤，错失发展良机，彻底失去行业龙头地位。而陈晓则因名誉受损而结束职业生涯，主动退出国美电器。至此，国美电器职业经理人接班以黄光裕家族和陈晓两败俱伤宣告失败。

9.4.3 "三股力量"制衡要点

回顾国美电器控制权争夺战，其创始人家族、创业元老、管理团队、接班人的利益关系协调与力量制衡失败，主要有三个原因。

1. 公司治理制度存在内在风险

实际上，国美电器的公司治理制度是黄光裕为了保证控制权而设计的，最终却没有达到预期效果。首先，为了利用"董事会拥有比股东大会更多的权力"这一治理结构，黄光裕选择了以"董事会为中心"的英美公司治理模式。其次，国美电器上市时，黄光裕凭借其绝对控股地位，多次修改公司章程，进一步巩固董事会的权力，并通过董事会基本架空了股东大会。这直接导致职业经理人接班后，利用制度漏洞攻破大股东的权益防线。

2. 未实施股权激励计划

除了陈晓在公司并购时获得了国美电器的股权，国美电器的管理团队，以及跟随创始人黄光裕打拼多年的创业元老们从未持有过公司的股权。陈晓接班国美电器之后，提出职业经理人团队期权激励计划，意在为公司管理团队谋取福利，而这一计划提案一度遭到创始人黄光裕的坚决反对。国美电器对创业元老、管理团队激励不足也是众多高管临阵倒戈的重要原因之一。

3. 文化体系缺失

有分析认为，黄光裕的个人性格强势，习惯采取家族式权威进行管理，并未形成一套令人信服、死心塌地追随的公司文化，导致关键时刻一些创业元老临阵倒戈。

综上所述，平衡创业元老、管理团队、接班人三股力量的关键，在于灵活运用道家"刚柔并济"的控制之道，将刚性的制度主义与柔性的人本主义相结合。首先，创始人需要站在"法"与"理"的角度上合理设计公司治理机制、股权激励机制等硬性制度，其目的一是减小经理人与股东的信息不对称性，缓解两者的代理冲突，降低委托代理成本；二是以系统、合理、差异化的股权激励机制平衡创业元老与新晋管理团队的关系，既要尊重历史贡献，也要面向未来，以奋斗者为本；三是保持传承过程中的控制权稳定与经营权平稳过渡。

其次，创始人需要站在"情"的角度上，以公司文化、核心价值观、创始人的人格魅力等软性力量来凝聚人心。从人本主义角度出发，关注与满足各方诉求，并通过建立健康的职业经理人文化来吸引、激励、约束优秀人才，使其成为公司的核心资产，心甘情愿地为公司发展贡献力量。

公司的发展与传承过程其实是一个在各利益相关者之间寻求协调与平衡，并不断建立稳态的过程。

第三部分 股权治理

第 10 章
典型企业的股权治理

控制权稳定、经营权充分、收益权分享，是正确处理企业股权治理问题的不二法门。

10.1 万科控制权争夺

万科是一家股权高度分散的优质企业，其控制权争夺案，将相对控股股东、职业经理人、"野蛮人"、"白衣骑士"之间的复杂博弈，演绎得淋漓尽致，值得股权分散的企业借鉴。

10.1.1 主要参与方情况介绍

1. 万科

万科企业股份有限公司（以下简称"万科"）的前身为深圳市特区经济发展公司下属公司所设立的"深圳现代科教仪器展销中心"，创立于 1984 年，后更名为"深圳市现代企业有限公司"。1988 年 1 月，经深圳市政府批准，深圳市现代企业有限公司改造成为股份制企业，并更名为"深圳万科企业股份有限公司"。1991 年，万科 A 股上市。历经 30 多年的稳步发展，万科从一家默默无闻的小公司逐渐成长为房地产行业领先企业。

在宝能举牌万科之前，华润集团一直是万科的第一大股东并与万科保持着良好的关系，对于公司经营给予管理层极大的自由度。万科第二大股东为万科管理层，以王石为首的万科管理层通过集合资产管理计划合计持股 4.14%，其余近 80% 的万科股份分布在社会公众手中，股权结构极为分散。

2. 宝能

深圳市宝能投资集团有限公司（以下简称"宝能"）是此次控制权之争的主要参与方。宝能成立于 2000 年 3 月，姚振华作为自然人股东，持股比例为 100%。经过 20 多年的发展，已经成为一家涵盖物业、物流、金融、医疗等板块的大型企业集团。

宝能系（以宝能集团为中心的资本集团）中有两家公司在此次万科控制权争夺事件中扮演了十分重要的角色，分别为钜盛华实业有限公司（以下简称"钜盛华"）和前海人寿保险股份有限公司（以下简称"前海人寿"）。钜盛华成立于 2002 年 1 月，宝能为其实际控制人。钜盛华作为宝能集团旗下的金控平台，其业务涵盖人寿、财险、基金等板块，并参与境内外多家行业领先公司的股权投资。前海人寿是一家保险公司，成立于 2012 年 2 月，主要经营各类保险业务及保险资金运用业务等。此次万科控制权之争，宝能主要通过钜盛华和前海人寿这两家核心公司进行资本运作。

3. 深铁

深圳市地铁集团有限公司（以下简称"深铁"）是于 1998 年成立的深圳国资委控股子公司。深铁自成立以来，主要从事深圳轨道交通相关业务，拥有多块深圳市区黄金地段土地，一直致力于地铁等交通项目的开发、建设与经营，其主要业务交通规划建设与地产具有较强的互动关系。截至 2015 年年末，深铁总资产达 2400 亿元，旗下全资子公司及控股子公司达 12 家，整体实力雄厚。

10.1.2 控制权争夺过程

从 2015 年 7 月宝能间接控股的子公司前海人寿举牌持有万科 5% 的股份，到 2017 年 6 月万科新一届董事会产生，万科的控制权之争历时 700 多天。这期间，从宝能系多次举牌，来势汹汹，到恒大突然加入战局意图不明，再到华润退场深铁入局，各方利益主体之间的拉锯使得股权争夺态势悬念横生，反转不断，也引发整个资本市场和监管层面的深度关注。

根据万科控制权之争的事件发展时间顺序，可以将此过程分为四个阶段，如图 10-1 所示。

"野蛮人"来敲门	寻找"白衣骑士"	意外玩家出现	落下帷幕
2015年 7月11日 • 万科公告宝能系持股万科5%	12月17日 • 王石发表不欢迎宝能的相关言论	8月4日 • 恒大通过附属公司收购万科股票，持股万科4.68%	12月18日 • 万科终止与深铁重大重组
8月27日 • 宝能系占万科总股本15.04%，成为万科第一大股东	12月18日 • 宝能系增持万科股份至24.26% • 万科停牌筹划资产重组	11月29日 • 恒大持股万科达14.07%	2017年 1月12日 • 深铁接盘华润所持万科股份，持股万科15.31%
11月28日 • 安邦保险举牌持股万科达5%	2016年 3月12日 • 万科与深铁签署战略合作备忘录	12月5日 • 保监会责令前海人寿整改，并暂停其万能险业务开展	6月9日 • 恒大将万科股份出售给深铁，深铁持股万科29.38%，成为第一大股东
12月16日 • 宝能系增持万科股份至22.45%	7月4日 • 万科复牌，一字跌停，报21.99元/股	12月23日 • 保监会发文就保险资金举牌上市公司的信息披露行为，进行了严格的规范	6月21日 • 深铁改组万科董事会，王石卸任董事长，退出董事会，郁亮接任

图 10-1 万科控制权之争的四个阶段

1. 第一阶段:"野蛮人"来敲门

2015年7月初,前海人寿以集中交易的方式,耗资79.45亿元逢低买入万科股票5.53亿股,取得万科5%的股份。

在此之后,前海人寿与钜盛华以直接购买、融资融券、收益互换等多种方式在短短2个月的时间内3次举牌万科。截至2015年8月27日,宝能系持股比例高达15.04%,超越华润集团持股比例14.89%成为万科第一大股东。

面对宝能的强势上位,2015年8月31日和9月1日华润投入4.97亿元,增持万科0.4%的股份,持股达到15.29%,以0.5%的微弱优势夺回万科第一大股东之位。

而宝能在2015年11月选择再次发力,不惜通过涨停板抢票等方式来抢购股票,并于11月27日又一次超过华润成为万科第一大股东。到12月7日,宝能持股达到20.01%。

2. 第二阶段:寻找"白衣骑士"

面对来势汹汹的宝能,2015年12月17日晚间,王石发表了内部讲话,尖锐地指出宝能系资金来源不明,拿到牌照的经过不明,信用不足,会拖累万科,表示不欢迎宝能系成为万科第一大股东。面对王石的言论,12月18日,宝能选择继续增持万科股份,持股比例达24.26%,稳坐万科第一大股东宝座。为阻止宝能的进攻,万科于12月18日中午宣布股票停牌至2016年3月,并在后来的股东大会上延迟复牌至2016年6月。

宝万之争因万科停牌而暂时陷入僵局。在此期间,万科管理层积极筹划重大资产重组事项，希望通过"白衣骑士"的资金注入来稀释宝能的持股比例，以终结此次的股权争夺战。

2016年3月万科与深铁达成战略合作协议，将签署不具有法律约束力的战略合作备忘录并发布资产重组预案。预计重组后，深铁将持有万科20.56%的股份，同时会稀释包括宝能、华润在内的所有原股东，成为万科第一大股东。

3. 第三阶段：意外玩家出现

就在万科管理层宝能和华润因股权之争闹得不可开交之际，另一位玩家加入了战局。2016年8月4日，中国恒大集团及其附属公司（以下简称"恒大"）开始在市场上收购万科股票。8月9日，恒大举牌万科，之后一路增持万科股份，至11月29日，恒大合计取得万科14.07%的股份。这一操作使得万科股价反弹，进入上行通道。

在万科控制权争夺经历了一段时间的"厮杀"后，监管机构开始介入。2016年12月初，证监会相关负责人在公开谈话中表示要约收购上市公司不能挑战金融法律法规的底线。12月5日，保监会下发监管函禁止前海人寿的万能险业务，之后又将保险公司对单一股票投资占总资产的上限由10%下调为5%。12月22日和23日，监管部门再次表态，保监会和深圳银监局先后下发文件，内容全部指向宝能系的举牌资金来源问题。

4. 第四阶段：落下帷幕

2016年12月万科发布公告称因股东意见不一致，放弃与深铁的重组，但紧接着，剧情出现反转。2017年1月12日，深铁与华润签署

"股权转让协议",将华润名下持有的万科所有股份转让给深铁。

2017年3月16日恒大也将14.07%的万科股份在有效期内不可撤销地委托给了深铁。6月9日,双方正式签署了"股权转让协议",将恒大所持有的万科全部股份转让给了深铁。

此次股份转让之后,深铁集团总计掌握29.78%的万科股份,在短短2个月内花费约664亿元拿到万科控制权,以绝对优势成为万科第一大股东。2017年6月21日,深铁改组万科董事会,王石卸任董事长,退出万科董事会,由原万科总经理郁亮担任万科第十八届董事会主席,接任董事长职位。与此同时,保监会给宝能开出了罚单——姚振华禁入保险业10年。到这里,这场耗时2年多的控制权之争终于落下帷幕。

10.1.3 万科控制权之争分析

虽然在种种因素的影响下,宝能未能成功控制万科,但是此次事件所暴露出的万科公司治理结构缺陷,导致以王石为首的万科管理层险些丢失控制权及经营权。

1. 股权分散,容易控制

万科资产雄厚,业绩突出,盈利能力良好,具备优秀的经营管理团队,但是其股权结构存在缺陷,这为其后来陷入控制权争夺战埋下了隐患。

华润自2000年持股万科以来,一直作为不绝对控股的第一大股东,从不直接参与万科的经营管理。在宝能首次举牌万科之前,万科的第一大股东仅持有不到15%的股份;万科的第二大股东为万科管理层,持有股份不足 5%;新加坡政府投资公司持股 1.38%,为第三大股东。前三大股东持股总计约为 20%。由此可以看出万科股权结构的分散程度。

由于第一大股东华润并没有实现绝对控股,所以万科实际上是一家长期被职业经理人所控制的公司。管理层通过持股平台盈安合伙以国际金鹏分级 1 号集合资产管理计划的形式持有 4.14% 的股份,并实现了对公司的控制。虽然对于职业经理人来说,在这样的股份安排下,自己的经营自由和控制权可以被最大限度地保障。但是,在这种股份架构下,如果有任何第三方恶意增加对万科的持股比例,很容易就会威胁到管理层的实际控制权,使其陷入被动局面。

其实,早在 1994 年就曾发生过对于万科的控制权争夺。当时,君安证券及其余 4 名股东试图对万科的经营战略投不信任票,同时改组董事会,夺走以王石为代表的管理层对于公司的控制权。虽然此次事件最后以君安阵营退出收场,但是股权结构分散给万科带来的隐患迟迟没有得到解决。在 2006 年和 2010 年,万科都曾经推出过管理层激励计划,但效果不尽如人意。2014 年,万科为深化公司混合制改革,推出事业合伙人制度,但此举依然很难在短期改善万科分散的股权结构。以创始人王石为首的管理团队仍然仅占有小部分股份,无法掌握公司的控制权,从而缺少抵御"野蛮人"恶意收购的能力。

2. 公司价值低估,收购成本低廉

万科股价长期处于低位,企业的内在价值和市场价值出现脱节,这给宝能提供了低成本获取万科股权的机会。

在此次控制权之争开始前，管理层仅通过集合资产管理计划持股4.14%，其余股权则十分分散。面对当时较低的持股比例，万科管理层对于市值的维护管理缺乏驱动力，反而是低估的股价有利于管理层进行低成本增持提高持股比例，从而提高话语权，增强管理层的控制力。

对于收购者宝能而言，优质资产价格被低估，意味着收购成本和难度都会降低。若宝能成功控制万科，在董事会拥有话语权，则可以通过改变万科分配方案，对其进行合理的市值管理，凭借较低的成本获得高额投资回报。

10.1.4 案例借鉴

万科自进入房地产行业以来，凭借杰出的管理团队和优秀的经营理念，在利润创造能力、财务稳健性等方面均表现优异，并且形成了独特的品牌效应，是房地产行业内的领先公司，深受广大投资者的认可。凭借优异的经营业绩和创始人身份，以王石为首的管理层对于万科拥有远超普通职业经理人的影响力和控制力，但是，由于万科的国企出身以及历史原因，以王石为代表的管理层仅持有少量股份，导致万科的控制权与所有权出现严重分离。另外，面对企业过度分散的股权结构，从维持对万科控制力的角度来看，管理层也缺乏动力去做出调整或改变，甚至还可能有意控制股价以便于管理层回购，增加管理层持股比例。这些公司治理结构方面的漏洞，在万科发生控制权争夺时彻底暴露出来，给了宝能可乘之机，使万科沦为二级市场上所谓"野蛮人"的猎物。

万科作为一家现金充足的优质公司，其管理层若能提前制定好防范策略,在前期引入几家机构投资者,增加大股东在公司的控股比例,并相互制衡,形成较为稳定的股权结构,宝能的收购策略也就不会这么轻易成功了。

10.2 美的公司治理与股权激励

中国家电行业的发展历史可以说是一部大浪淘沙的历史,牡丹彩电、小天鹅洗衣机、华生电扇等诸多品牌都曾经红极一时,但如今或被并购,或破产关停。来自广东顺德的美的却在经历数十载的风吹雨打后,一步步从手工作坊成长为行业龙头,如今以 6000 亿元的市值稳坐中国家电行业的头把交椅。作为美的集团的创始人,何享健凭借对于商业机会的敏锐嗅觉、准确判断以及用人之道,带领美的不断自我革新,乘着资本市场的浪潮,以出色的股权治理为舵推动公司稳步发展。

10.2.1 发展历程

1. 初期创业,寻找方向

1968 年,26 岁的何享健带领 23 名北滘街道居民从"北滘街办塑料生产组"出发,开始了最初的创业。从生产塑料瓶盖、药用玻璃瓶、皮球,到生产金属制品、汽车配件,再到生产发电机,何享健带领团队在生产自救中不断寻求生存机会。1984 年,何享健大胆做出进军空调行业的决定,成立空调筹备组。1985 年,何享健抓住机会收购广州航海仪器公司的空调生产线,以"借鸡生蛋"的方式拿到了进入空调行业的入场券。

从主动调转航向不断寻找商业机会，到"借鸡生蛋"进军空调行业，何享健作为掌舵人，凭借其发现问题的敏锐性以及解决问题的坚定性，使得美的的每次"主动"都加速了公司发展的脚步。

2. 股份制改革，深交所上市

1992年，顺德率先开始试点公司产权制度改革。何享健意识到这是个好机会，既可以争取到募集资金，又可以通过股份制改造使公司发展更规范。虽然美的当时的规模不大，但是何享健争取到了顺德唯一的股份制试点名额。1992年5月，由顺德市北滘经济发展总公司（以下简称"北滘经发"）发起，在原广东美的电器企业集团基础上改组成立了广东美的集团股份有限公司。改革过程中发行职工内部股，鼓励员工购买公司股票。

1993年11月12日，美的正式在深交所挂牌交易，简称"粤美的A"，（股票代码：0527）。2004年，粤美的A更名为"美的电器"。美的成为中国第一家经中国证监会批准、由乡镇企业改造的上市公司。通过上市融资，美的迅速把盘子做大，主营业务收入由1992年的4.87亿元飞升至1996年的25亿元。

3. 事业部制度改革，释放公司活力

上市后品类和规模的扩张，为美的带来早期高速的增长，但是在高速增长中，公司组织架构和运营机制的弊端开始逐渐暴露出来。1997年，何享健力排众议，在美的推行事业部制改革，同时起用大批年轻人担任各事业部负责人，并劝退了一些无法适应新环境的创业元老们。新的事业部制架构下，各个产品经营单位独立核算，成为经营主体和利润中心。集团成为投资、监控和服务中心，强调放权经营、灵活管理，对市场变化做出快速反应。何享健通过事业部制度改革重新激发了公司的组织活力，销售收入从 1998 年的 30 亿元，到 2000 年突破 100 亿元。

4. 美的管理层收购（MBO），产权问题终解决

美的在 1993 年上市时，代表北滘镇政府的北滘经发持股占总股本的 44.26%，何享健和管理层持股占比仅为 0.48%。但是镇政府在美的发展过程中并未实际出资，只是因为当时社会环境所限，公司被限定为集体产权，美的作为乡镇企业经过股份制改革导致北滘经发成为美的大股东，作为创始人的何享健及其管理层失去了法律意义上的所有者地位。

另外，随着事业部改革，美的内部大批职业经理人迅速崛起担当重任，手握重权。如何完善激励体系成为美的发展需要考虑的重点。要解决激励问题首先要解决长期以来的产权结构问题。

对此何享健选择管理层回购的方式，让经理层通过融资购买本公司的股份，实现所有权和经营权的统一。这样一方面可以降低代理成本，另一方面激励机制问题也将迎刃而解。

5. 股权分置改革成功，美的电器实现全流通

1991 年上海股市诞生之初，国家对于国有股份上市流通或导致国有资产流失有所担忧，因此规定除内部职工股被准许分批上市流通外，其余公开发行前股东所持有的股份在上市中均"暂不安排上市流通"，非国有性质的上市公司也是如此。2006年，为解决美的的股权分置问题，何享健提出以公司总股本为基数，由参与本次股权分置改革的非流通股股东向方案实施股权登记日登记在册的流通股股东支付37 901 838股，即流通股股东每持有10股流通股将获得1股股票。股权分置改革方案实施后首个交易日，公司参与本次股改的非流通股股东所持有的非流通股份即获得上市流通权。同时，为进一步保护流通股股东的利益，在送股的前提下，公司参与本次股改的非流通股股东将向登记日登记在册的全体流通股股东以每持有10股流通股支付5元现金的方式进行补偿。

虽然相较于当时较为流行的纯派股方式，何享健的方案需要支付大笔现金，但是，通过支付现金减少派股数量，可以保证大股东对于美的电器的持股比例，防止对上市公司的实际控制权旁落。

对管理层来说，股权分置改革的成功，不仅使所持股份获得流通权，而且通过支付对价，其所持有股份在法律上得到了明确认可。管理层作为股东，其利益、财富与上市公司的业绩、市值实现前所未有的一致，这种一致也成为管理层推进上市公司市值管理的最大动力。

股权分置问题得到解决后，一方面资本市场的资源优化配置功能能够真正发挥出来，并帮助公司突破发展中的瓶颈；另一方面，公司全体股东和管理层将实现激励相容。

6. 职业经理人接棒，完善公司治理机制

在2009年和2012年，何享健接连辞任美的电器董事局主席及董事职务和美的集团董事长职务，其职务由方洪波继任。创始人何享健辞职后，将仅以大股东和实际控制人的身份继续支持美的的发展。这是美的上市以来首次全权交给职业经理人管理，在中国民营企业上市公司中也是首例。作为一位拥有超凡的企业家精神以及远大战略眼光的企业家，何享健没有选择继续掌权或将公司传承给自己的下一代，而是选择退居二线，力挺方洪波，全面拥抱职业经理人制度。这是对美的必须迈入全新发展阶段所做出的决断。

引入职业经理人机制之后，无法逃避的委托代理问题也随之而至。美的选择推动股权结构多元化，保持董事会成员结构的合理性，以此达到约束职业经理人的短期行为、防止内部人控制的效果。2011年10月，美的控股转让15.3%美的集团股权给2家战略投资机构——融睿投资与鼎晖投资，并由它们派驻董事。这些董事既可以代表小股东监督控股股东，又可以监督职业经理人的经营行为。后来，美的还先后引入8家外部投资人，用以维持股权结构的内外平衡。随着外部投资人引入和内部人持股安排，美的形成了由实际控制人、战略投资者及中高级管理层共同持股的多元化股权结构。美的通过股东会、董事会、监事会和经营管理层，对公司所有者和经营者的权责利关系进行配置和规制的治理，形成了不同类型股东之间的资源整合和有效制衡的公司治理结构。

10.2.2　多层次员工持股

美的集团在整体上市后仅4个月便推出了针对高管和中基层管理人员的期权计划，之后每年滚动推出期权激励。从2015年至今，美的又实施了4期限制性股票激励及6期核心管理团队持股计划，多次股权激励不断强化了公司与员工的捆绑力度。经过多年实践，美的通过搭建管理层与全体股东利益一致的股权架构，以及长、短期激励与约束相统一的激励体系，形成了极具美的特色的多层次激励模型，成为公司成长的核动力引擎，如表 10-1 所示。

表 10-1 美的集团股权激励总览

关键要素	合伙人持股计划	限制性股票	股票期权
激励对象	公司副总裁，事业部及经营单位总经理及其他核心管理层人员	以对经营单位和部门承担主要管理责任的中高层管理人员为主	研发、制造、品质等科技人员及相关中基层骨干人员
股票来源	购于二级市场（委托第三方资管机构管理）	定向增发	
资金来源	公司计提的持股计划专项基金，占公司前一年合并报表净利润一定比例	员工自筹	
方案周期	12 个月锁定期 +36 个月归属确认期，分 3 期进行归属确认，各期分别确认一定比例或一次归属	限售期 24 个月，之后每年分 4 次解锁，每次解锁 25%	24 个月等候期，后分 4 期，每年 1 期，每期可行权 25%
考核标准	本年度加权平均净资产收益率不低于 20%，考核不达标，股票权益归属公司	净利润不低于前 3 个会计年度的平均水平，经营单位考核为"达标"，个人业绩考核得分在 B 级及以上	

1. 合伙人持股计划——针对核心管理层级

原本美的内部核心管理层的薪酬收入仅由年薪加上业绩提成构成，这种模式较为单一，缺乏长期激励，对于核心管理层绑定效应较差。在市场波动剧烈的环境下，这样的激励机制可能造成人才断档和核心团队的流失。

美的在选择激励机制时，创造性地选择多期合伙人计划用以激励核心管理层。美的所采用的合伙人持股计划是一种针对部分对于公司整体业绩和中长期发展具有重要作用的核心关键管理人员，从公司利润中提取出一定比例作为专项基金在二级市场上购买公司的股票，而后根据业绩的考核结果再分配给高管的一种激励方式。这样的方式可以将公司的利益与员工的利益相捆绑，高管可以通过提高每年的业绩来获取更多数量、更高市值的股票。从远期来看，高管的考核指标与股东的利益达成了一致，增强了两者之间的信任度。

除了能够解决代理问题，美的的合伙人持股计划对于公司来说，一方面可以减少现金支出的成本，缓解现金流压力，有利于企业在二级市场上的股价稳定；另一方面，这一激励方式和美的的国际化扩张战略有效链接——能够有效吸收外籍高管加入，被收购外企的高管也可以加入美的合伙人平台，并参与合伙人持股计划。

2. 限制性股票激励计划——针对中层管理者

2017年3月，美的集团首次针对中层管理者，推出了限制性股票激励计划，通过发行新股的方式将股票分给员工，而资金来源则为员工自筹。公司的中层管理者处于公司组织架构的中层位置，在决策层与执行层中间具有桥梁作用，他们的表现对公司短中期业绩达成有直接影响。

这类激励对象，需要采用每年都能看到切实收益的激励力度和激励形式。相较于合伙人持股计划而言，限制性股票的优势在于，可以市场价格的一半给予激励对象股票，激励力度强。相较于期权计划（股票期权计划是指行权人在一定期限内按照事先确定的价格购买公司一定数量股票的权利），员工与企业的捆绑性和约束性更强。限制性股票加大了对中层管理者的激励力度，使得美的股权激励体系更加完善。

3. 股票期权激励计划——针对中基层骨干人员

2014年，美的推出了第一期股票期权激励计划。该计划倾斜于经营一线，侧重于研发、制造相关的科技人员以及中基层人员。股票期权激励计划相对于合伙人持股计划和限制性股票激励计划而言，实施时间最长，普惠性质更加明显，能与公司的战略计划较好地融合。

近年来国内家电市场的形势发生变化，随着整个行业逐渐从高速发展转为中高速发展，多数企业不再一味追求规模的扩张，转而注重质量的提升。美的集团也开始对股票期权激励计划的考核指标做出改变，将"净利润增加率不低于15%"调整为"净利润不低于前三年的平均值"。除此之外，美的集团对内部的股票组织激励架构做了进一步的改造，缩减了公司中的管理层级，实行扁平化的组织架构，弱化以集团目标为主的理念，实行小集团大事业部的策略，强调在内部实行利润单元模式。

伴随以上经营战略的调整，公司内部的股票期权激励计划考核指标也有了一定的调整，开始弱化集团方面的指标，加强单元经营的指标，形成公司、事业部以及个人三层结构，在机制上避免了"搭便车"的情况发生。

10.2.3 案例借鉴

美的如今的辉煌成就离不开何享健出色的经营能力、高度前瞻性的资本运作、杰出的公司治理以及合理有效的员工持股计划。

早期出于自救目的，何享健带领团队左冲右突寻找商机，抓住一切机会。发现家电行业的市场机会后果断出击，剑走偏锋进入海外市场逐步做大规模。

在与资本市场的接触中，美的始终走在前沿。作为顺德第一家股改的乡镇企业，早早地就开始借助资本市场的力量对外融资，并且鼓励员工持股形成绑定。对于长期悬而未决的产权问题，何享健有节奏地推动公司进行管理层收购、股权分置改革等，使得美的成为一家真正的民营公司，释放出公司的潜力。

面向公司未来的发展，作为中国第一家传承给职业经理人的上市公司，何享健辞任美的电器董事局主席，仅以大股东身份自居。用人力资本为纽带优化公司治理结构，使得美的从一家具有家族烙印的公司转变为现代公司，形成了股东大会、董事会、管理层三权分立的现代公司治理格局，通过完善的公司治理结构实现对职业经理人的激励与制衡。

另外不可忽视的一点，就是美的多层次、多形式激励模式的常态化践行。合理的机制，使得美的的人力资本价值与公司价值高度契合，让员工得以分享公司价值增值和事业发展的成果。

10.3 高瓴资本收购格力电器

2019年12月13日,高瓴资本收购格力电器15%股份的交易事项获得珠海市人民政府和珠海市国资委的批复同意。随后,该项交易顺利完成,格力电器成为无实际控制人的现代公司。

10.3.1 格力电器与格力集团的纷争

珠海格力电器股份有限公司(以下简称"格力电器")正式成立于1991年,1996年11月在深交所挂牌上市。2019年,格力电器全年实现营业总收入2005.08亿元,实现归母净利润246.97亿元。

珠海格力集团有限公司(以下简称"格力集团")曾是格力电器大股东。在格力电器的发展过程中,除了亮眼的业绩、个性鲜明的领导人,格力集团与格力电器之间一场旷日持久的纷争同样引人关注。

2003年,广东一家报纸上刊登的一篇题为《格力进军厨具市场》的宣传文章拉开了格力"品牌之争"的序幕。随后,格力电器通过全国20多家媒体发布声明,直指格力小家电借用"格力电器"的商标与厂方照片来宣传自己,严重误导投资者与消费者,是一种对格力电器品牌的侵权行为。在该声明发布的第二天,格力小家电向媒体及各地经销商发出一份署名为格力集团的《"格力"商标授权使用说明》,指出格力电器以及格力小家电均为集团授权经营的家电产品专业子公司,"格力"商标属集团所有。随后,格力集团在报纸上以整版篇幅刊登宣传文章,称格力集团授权格力小家电使用格力商标。2004年9月,在历经一年的斗争后,格力电器发布公告将向格力集团收购其持有的包括格力小家电在内的4家公司股权，为此次品牌之争画上句点。

2005年，一场对格力电器来说更大的危机袭来。珠海市政府与格力集团主张将格力电器定向转让给外资完成改制，当其将该方案向格力电器管理层通报，美国开利公司有意进入格力电器进行尽职调查时，格力电器的管理层表现出强烈的抵触情绪。此时，两个突发事件打断了此事进程：一是在2005年8月，力主将格力电器转让给外资的政府领导调任；二是格力电器成为广东省重点推进股改的公司之一，应争取在2005年9月底出台全流通方案，2006年3月底前完股改工作。按照证监会关于股权分置改革的意见，在股改开始后的一年内，格力电器的股权不能对外转让，而一年后转让比例也只能在5%～10%，因此，格力电器股权转让给外资的计划被终止。

在之后的很多年里，格力电器与格力集团之间的摩擦仍时有发生，究其原因，是控制权、经营权、收益权未能实现有效配置所致。

10.3.2　高瓴资本的资本王国

在格力电器与格力集团的纷争愈演愈烈的2005年，张磊离开纽交所创办高瓴资本。15年以后，高瓴资本的资产管理规模已超过600亿美元，成为中国实力最强的私募基金之一。

高瓴资本以投资二级市场起家，成名的第一战就是对腾讯的投资——赚取了丰厚的回报。2010年，高瓴资本开始投资一级市场，使其声名大噪的就是对京东一场3亿美元的"豪赌"，并流传出来一个经典桥段：当年刘强东找张磊寻求7500万美元的融资，但在调研后，张磊坚持要投资3亿美元，否则就不投。张磊对这笔投资的信心源于笃信京东将成为"亚马逊+UPS的结合体"。以此为起点,高瓴资本开始重点在一级市场布局。

2014年,高瓴资本在经过对宠物行业的全面研究后,以雄心勃勃的姿态进入,宠物主粮、宠物医院、宠物店等均成为其目标领域。其中,对宠物医院的布局尤为大手笔。高瓴资本通过3年左右的时间,整合了遍布国内主要城市的宠物医院品牌。截至2018年,其投资的宠物医院数量超过700家,成为名副其实的行业第一。2019年,由瑞鹏集团与高瓴资本旗下宠物医疗资产组建的新瑞鹏集团正式成立,现已在全国拥有1600多家宠物医院。在同一阶段,2017年高瓴资本成立大健康领域的实业公司高济医疗,用近2年时间,斥资300亿元收购或入股国内医药零售公司,已拥有上万家门店。截至2018年年底,高济医疗市场规模已超300亿元,成为这一领域的行业第一。对宠物行业和医药零售行业的投资,在国内私募投资领域实属罕见,高瓴资本找到了一条新的发展路径。

2017年4月,在港交所上市10年的"鞋王"百丽国际宣布私有化退市,由高瓴资本领衔的财团以531亿港元收购,高瓴资本成为百丽国际的控股股东,这笔港交所史上最大的私有化交易震惊了投资圈。私有化完成后,高瓴资本推动百丽国际进行数字化转型,加大在电商平台的推广力度。2018年"双十一",百丽国际对外公布的当天销售数据达9.68亿元,而这一数据在2017年仅为4.5亿元;对百丽旗下运动服饰业务(滔搏运动)进行分拆及业务优化,2019年10月10日,滔搏运动正式在港交所上市,上市首日市值达582亿港元。这次并购,再次刷新了资本市场对高瓴的定义。

从最早在二级市场投资腾讯，到对京东的3亿美元"豪赌"，高瓴资本实现了一二级市场的横跨；从对宠物行业、医药零售行业的整合，到对百丽国际私有化并进行数字化改造以及分拆滔搏运动上市，高瓴资本展现出非比寻常的产业整合的雄心与实力。因此，高瓴资本参与收购格力股份也就不令人意外了。

10.3.3 格力电器"联姻"高瓴资本

2019年4月9日，格力电器发布公告称，控股股东格力集团拟通过公开征集受让方的方式协议转让其持有的格力电器总股本15%的股份。在此之前，格力电器通过引入外部投资者、实施股权激励、增发新股等方式，使得股东结构更加多元，格力集团持股比例降至18.22%。而高瓴资本早在成立的第二年就投资格力电器，13年来一直位列其十大股东之一，截至2019年6月30日，高瓴资本持有格力电器0.72%的股份。

格力电器易主可谓是整个A股的重量级交易，对此感兴趣的投资机构阵容堪称豪华，除了高瓴资本，还有百度、博裕资本、淡马锡控股、厚朴投资、金石投资等25家机构参与，在经历25进2、2进1的一番角逐后，高瓴资本胜出。

基于对公司治理及未来战略的考虑，高瓴资本在入股格力电器时，对作为收购主体的珠海明骏投资合伙企业（有限合伙）设计了三层权益结构，如图10-2所示。其中，GP代表普通合伙人，LP代表有限合伙人。

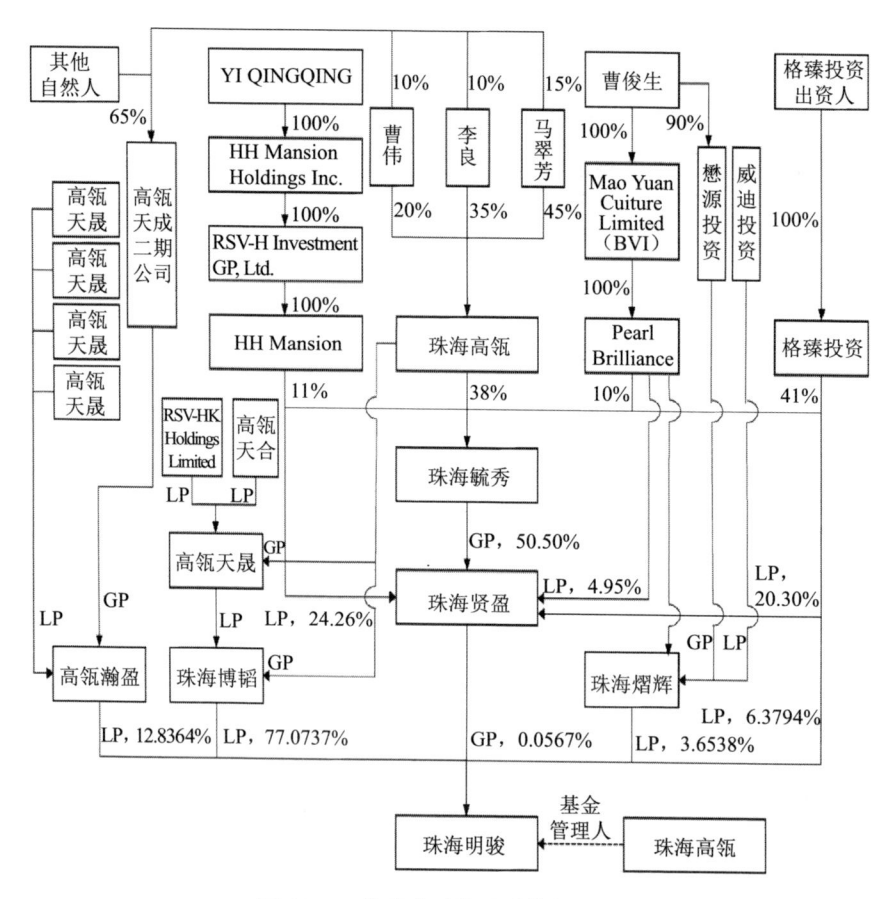

图 10-2 收购方珠海明骏控制关系图

第一层结构为收购主体珠海明骏，该层结构的主要目的为募资，直接出资为人为珠海贤盈（GP）、高瓴瀚盈、珠海博韬、珠海熠辉、格臻投资，出资比例分别为 0.0567%、77.0737%、12.8364%、3.6538%、6.3794%。其中，根据协议珠海博韬未来拟将 4.7236% 份额（认缴出资额 10.32 亿元）转让给格臻投资。第二层结构为珠海贤盈，直接出资人为珠海毓秀（GP）、HH Mansion、Pearl Brilliance、格臻投资，出资比例分别为50.50%、24.26%、4.95%、20.30%。珠海贤盈作为珠海明骏的普通合伙人和执行事务合伙人，控制珠海明骏。第三层结构为珠海毓秀，股东包括珠海高瓴、HH Mansion、Pearl Brilliance、格臻投资，持股比例分别为38%、11%、10%、41%。珠海毓秀为珠海贤盈的普通合伙人和执行事务合伙人，控制珠海毓秀进而控制珠海明骏。根据格力电器的公告，此次交易对价为每股价格46.17元，金额高达417亿元，来源为高瓴资本自有资金及自筹资金，比例约为1∶1。其中，自筹资金来源为银行贷款，珠海明骏于2019年12月与招商银行、中国银行、平安银行、浦发银行等合计七家银行签订了贷款协议，总计208.31亿元。珠海明骏的全体合伙人将其持有的珠海明骏的全部合伙份额质押给贷款银团；珠海明骏将其受让的格力电器全部股票质押给贷款银行。值得注意的是，本次所有贷款均不存在与市值涨跌挂钩的补仓或平仓机制。同时，珠海明骏承诺，在上市公司涉及分红的股东大会中积极行使股东投票权并促使其提名的董事在上市公司每年净利润分红比例不低于50%的董事会决议中投赞成票。

2019年12月2日，格力集团与珠海明骏签订股份转让协议，2020年2月3日，格力电器公告股份转让完成过户登记手续，格力集团于当日取得证券登记公司出具的过户登记确认书，过户日期为1月23日。至此，这场备受瞩目的交易终于落定。格力电器成为一家无控股股东和实际控制人的公司。

当然，为了不影响公司经营、保障团队稳定、巩固现有管理层地位，高瓴资本对本次交易做了诸多煞费苦心的安排。

首先，在并购基金三层结构安排中，对管理层的决策权及收益权进行了考虑。格臻投资为董明珠联合格力管理团队设立的持股平台，董明珠的出资比例超过95%，格臻投资多次出现在并购基金的三层结构中。第一层，格臻投资成为珠海明骏的有限合伙人，认缴出资额为24亿元，在该层面，格臻投资不用向管理人交管理费，也不被提取超额收益；第二层，格臻投资成为珠海贤盈的出资人，认缴出资额410万元，通过珠海贤盈对珠海明骏的决策产生重大影响，且享有全部管理人收益的41%，并将全部管理人收益的8%分配给格力电器的管理层和员工；第三层，格臻投资成为珠海毓秀的股东，认缴出资额430万元，持股比例41%。由于珠海毓秀的重大事项决策机制决定格臻投资在重大事项的决策上享有一票否决权，所以格臻投资通过珠海毓秀而分享珠海明骏的最终决策权。

其次，高瓴资本、HH Mansion、Pearl Brilliance、管理层及关联方均承诺不谋求格力电器控制权，格力电器实际将归管理层控制。而且，各方承诺在取得其他各方事先同意之前，均保持自身实际控制人不发生变更。

再次，高瓴资本承诺保证现有管理团队稳定，公司治理结构不发生重大变化。同时，对于珠海明骏所拥有的提名3个董事人选的权限，也受格力电器管理层较大影响。在珠海明骏提名的3个董事候选人中，1名由珠海高瓴提议的董事候选人，1名由Pearl Brilliance提议的董事候选人，1名由格臻投资提议的董事候选人，且应保持其中的至少2名董事候选人被格臻投资认可。

最后，高瓴资本、HH Mansion、Pearl Brilliance、管理层一致同意，在交易完成后，推进格力电器给予格臻投资认可的管理层和骨干员工总额不超过4%格力电器股份的股权激励计划。

10.3.4 案例借鉴

格力电器经过多年发展，经营业绩、品牌效应均取得优异成绩，成为多元化、科技型的全球工业集团。但格力电器与格力集团因为控制权、经营权、收益权未能有效配置而造成的摩擦，成为影响公司团队稳定、持续发展的重要因素。

就本案例来说，与其说是高瓴资本收购了格力电器，不如说是高瓴资本与格力电器管理团队联手收购了格力电器。双方互相借力，通力合作，各取所需。通过交易结构设计及交易条件安排，在本次交易后，格力集团持股比例降为3.22%，不再对格力电器的决策产生重大影响，而格力电器管理层通过格臻投资入股珠海明骏及相关主体，对珠海明骏的决策产生重大影响，同时分享并购基金带来的收益。至此，多年以来围绕格力电器股权和管理权之争终于尘埃落定。

持而盈之，不如其已。揣而锐之，不可常保。金玉满堂，莫之能守；富贵而骄，自遗其咎。功遂身退，天之道也。（《道德经》）

后 记

从起心动念要写这本书，到开始写书，直至完成此书，已经过去了整整 10 年时间。所幸，在这 10 年间，我在咨询、投资领域的实践不断深入，对于企业股权设计、股权激励、股权治理问题的理解更加透彻，解决起来也更有心得。

我相信，这本凝结了我们初心、思想、经验、教训、心得、心血的专著，将会帮助更多的中国企业实现股权资源的优化配置，建设成为利益共同体、事业共同体、命运共同体，走向基业长青，并帮助更多的优秀人才获得优质企业的股权及其带来的收益，推动中国产业快速发展壮大。

股权制度是一个伟大的实践，并非我们的创造。我们对股权的理解，站在了诸多高人的肩膀上。本书的写作，参考了该领域内大量的专著、文章、新闻报道、素材，大部分均注明了来源，但有一部分材料在互联网上几经流转，虽然我们努力查找其起源，但是最终无从得知、联系不上。在此，向所有为本书贡献了思想、素材的人士，表示诚挚的感谢和敬意！

由于时间仓促，书中难免有不足、偏颇、疏漏、错误之处，还望

后　记

读者包涵。若蒙指出，再版时将予以修订。

感谢我的母校中国人民大学，给了我实事求是的理论底色，在母校受的金融学本科和法律硕士教育，奠定了我的知识基础。

我自 2005 年师从王明夫先生研习商学，随后加入和君集团工作至今。一直以来，我深受王明夫先生的知遇、教诲、提携之恩，在此表示感谢！

和君集团的众多同事，聘请我担任顾问的诸多企业，我投资的多家企业，给了我启发，在此表示感谢！

这本书，由我确定立意、逻辑、框架、主要观点、部分素材，由我团队的小伙伴潘伟、刘静怡担纲主要写作，高晋渝、张众也参与了部分写作。没有他们的好奇心、悟性、勤奋、辛劳，便不会有此书。在此表示感谢！

最后，感谢我的父亲母亲对我的生养、教育之恩！

黄前松

参考文献

[1] 老子. 老子 [M]. 北京：中华书局，2014.

[2] 孔子. 论语 [M]. 北京：中华书局，2016.

[3] 孟子. 孟子 [M]. 北京：中华书局，2017.

[4] 孙膑. 孙子兵法 [M]. 北京：中华书局，2016.

[5] 刘劭. 人物志 [M]. 北京：中华书局，2019.

[6] 王明夫. 蓝筹 [M]. 北京：中国人民大学出版社，2004.

[7] 王明夫. 资本经营论 [M]. 北京：中国人民大学出版社，2004.

[8] 德鲁克. 管理的实践 [M]. 齐若兰，译. 北京：机械工业出版社，2018.

[9] 王明夫，王丰. 高手身影 [M]. 北京：机械工业出版社，2008.

[10] 李利威. 一本书看透股权架构 [M]. 北京：机械工业出版社，2019.

[11] 包政. 企业的本质 [M]. 北京：机械工业出版社，2018.

[12] 包政. 管理的本质 [M]. 北京：机械工业出版社，2018.

[13] 包政. 未来管理的挑战 [M]. 北京：机械工业出版社，2018.

[14] 刘俊海. 现代公司法 [M]. 2版. 北京：法律出版社，2011.

[15] 徐茂魁. 现代公司制度概论 [M]. 北京：中国人民大学出版社，2002.

[16] 全联军. 股权一本通：股权分配+激励+融资+转让实操. 北京：清华大学出版社，2018.

[17] 黄治民. 股权激励操盘手册 [M]. 北京：清华大学出版社，2017.

[18] 马永斌. 市值管理与资本实践 [M]. 北京：清华大学出版社，2018.

[19] 马永斌. 公司治理之道：控制权争夺与股权激励 [M]. 北京：清华大学出版社，2015.

[20] 德鲁克. 管理新潮 [M]. 孙耀君, 译. 北京: 中国对外翻译出版社, 1988: 202.

[21] 吴敬琏. 现代公司与企业改革 [M]. 天津: 天津人民出版社, 1994.

[22] 李维安. 公司治理 [M]. 天津: 南开大学出版社, 2001.

[23] 闫长乐. 公司治理 [M]. 北京: 人民邮电出版社, 2019.

[24] 陈润. 生活可以更美的: 何享健的美的人生 [M]. 北京: 华文出版社, 2010.

[25] 张磊. 价值: 我对投资的思考 [M]. 杭州: 浙江教育出版社, 2020.

[26] LIPTON P. The Evolution of the Joint Stock Company to 1800: A Study of Institutional Change[J]. Ssrn Electronic Journal, 2009.

[27] 张仁德, 段文斌. 公司起源和发展的历史分析与现实结论 [J]. 南开经济研究, 1999, 000 (004): 18-26.

[28] 刘荣. 论日本企业家的双璧型组合模式 [J]. 现代日本经济, 2006 (01): 40-45.

[29] 布尔. "本田双雄"本田宗一郎和藤泽武夫 [J]. 中外企业家, 1996 (7): 13-14.

[30] 范卫锋. 一山偏容二虎 [J]. 财富智慧, 2005 (08): 88-89.

[31] 郑志刚, 邹宇, 崔丽. 合伙人制度与创业团队控制权安排模式选择——基于阿里巴巴的案例研究 [J]. 中国工业经济, 2016 (10): 126-143.

[32] 余世鹏. 一年 89 名总经理变更, "公奔私"频现, 公募基金如何才能留住人? [N]. 中国证券报, 2021-01-08.

[33] 万宁. 公募基金行业股权激励脚步加快 [N]. 中国证券报, 2020-12-28.

[34] 姜芳. 股权激励的发展历程探讨 [J]. 科学论坛. 1002-6908 (2007) 0910088-02.

[35] 陈蕾. 股权激励对公司业绩的影响——基于我国 A 股上市公司的经验数据 [D]. 北京: 中国财政科学研究院, 2019: 53-58.

[36] 张强. "以人为本"思想与现代企业管理 [J]. 全国商情·理论研究, 2019, 000 (036): 61-63.

[37] 胡斌. 浅谈在企业管理中如何实现以人为本 [J]. 人力资源, 2019 (12): 1.

[38] 武亚军, 张莹莹. 迈向以人为本的可持续性企业——海底捞模式及其理论启示 [J]. 管理案例研究与评论, 2015, 8 (2).

[39] 和君咨询股权激励与公司治理中心. 中国初创公司股权激励年度报告（2020）[R]. 北京：和君咨询股权激励与公司治理中心，2020.

[40] 和君咨询股权激励与公司治理中心. 中国民营非上市公司股权激励年度报告（2020）[R]. 北京：和君咨询股权激励与公司治理中心，2020.

[41] 陈文强. 长期视角下股权激励的动态效应研究[N]. 经济理论与经济管理，2016（11）：53-66.

[42] 李菲菲. 成长型企业的股权激励逻辑与实践[J]. 互联网经济，2018（12）：6.

[43] 王美江. 合伙人裂变与股权激励[M]. 北京：人民邮电出版社，2019.

[44] 和君咨询股权激励与公司治理中心. 中国科创板公司股权激励年度报告（2020）[R]. 北京：和君咨询股权激励与公司治理中心，2020.

[45] 黄思瑜，方攀峰，陈旭浩，等. 第一财经中国科创板上市公司股权激励报告[R]. 上海：第一财经，2021.

[46] 张文魁. 中国混合所有制企业的兴起及其公司治理研究[M]. 北京：经济科学出版社，2010.

[47] 杨莉. 华为公司股权激励的演进与启示[N]. 广西质量监督导报. 2020-01.

[48] 俞雷. 现代公司经营权与控制权的内涵界定及区别[J]. 商业时代，2010（1）：46-48.

[49] 李冰. 星巴克：全员持股保留人才[J]. 东方企业文化，2013（3）：106-107.

[50] 张维迎. 所有制，治理结构及委托—代理关系——兼评崔之元和周其仁的一些观点[J]. 经济研究，1996（09）：3-15.

[51] 陈惠仁. 巴菲特——不干预的智慧[J]. 新财经，2011（3）：104.

[52] 李维安，郝臣，崔光耀，等. 公司治理研究40年：脉络与展望[J]. 外国经济与管理，2019，41（12）：25.

[53] 戴雨晴，韩磊. 管理层权力制衡强度，投资驱动与资本结构[J]. 天津财经大学学报，2020（9）：32-46.

[54] 沈东. 空降经理人与创业元老的冲突[J]. 中国纺织，2005（6）：98-100.

[55] 赵瑞君. 中国家族企业传承中的利益诉求及冲突——基于利益相关者的视角[J]. 技术经济与管理研究，2016（9）：53-57.

[56] 张京心，廖子华，谭劲松. 民营企业创始人的离任权力交接与企业成

长——基于美的集团的案例研究 [J]. 中国工业经济，2017（10）：19.

[57] 陈凌，应丽芬. 代际传承：家族企业继任管理和创新 [J]. 管理世界，2003（6）：89-97.

[58] 赵曙明. 中国民营企业继任者选择与管理研究 [J]. 管理学报，2012（8）：1111-1117.

[59] 张珊珊，汪洋. 家族企业可持续发展的路径选择研究 [J]. 管理学报，2006，3（3）：329-335.

[60] 胡航. 家族企业职业经理人接班效果及其原因分析——基于国美电器和美的集团的案例对比 [D]. 重庆：西南财经大学，2019.

[61] 张华，胡海川，卢颖. 公司治理模式重构与控制权争夺——基于万科"控制权之争"的案例研究 [J]. 管理评论，2018，30（8）：275-287.

[62] 何雪晴，赵惠民. 基于股权结构视角的"宝万控制权之争"分析 [J]. 会计师，2017（15）：26-27.

[63] 董晓雯，董惠霞. 基于创始股东权益保护视角的宝万控制权之争 [J]. 山西能源学院学报，2018，31（1）：115-117.

[64] 刘涛. 何享健：资本解放美的 [J]. 中国企业家杂志，2007（13）：12.

[65] 边小东. 粤美的与伊利股份 MBO 的比较与启示 [J]. 经济研究导刊，2009（8）：4.

[66] 宁平. 格力电器收购集团 4 家子公司品牌之争终结 [N]. 中国经营报，2004-09.

[67] 电子文献参见 http://www.hxedu.com.cn/Resource/OS/AR/2022/816/index.htm.